Dianne Schilling

Soziales Lernen in der Grundschule

50 Übungen, Aktivitäten und Spiele

Verlag an der Ruhr

Impressum

Titel: Soziales Lernen in der Grundschule
50 Übungen, Aktivitäten und Spiele

Titel der amerikanischen Originalausgabe:
50 Activities for Teaching Emotional Intelligence
© 1996, Innerchoice Publishing
Torrance, California, USA

Verlag:

Verlag an der Ruhr
Postfach 102251, 45422 Mülheim an der Ruhr
Alexanderstraße 54, 45472 Mülheim an der Ruhr
Tel.: 0208 – 439 54 50, Fax: 0208 – 439 54 239
E-Mail: info@verlagruhr.de
www.verlagruhr.de

© für die deutschsprachige Ausgabe:
Verlag an der Ruhr 2000
ISBN 978-3-86072-489-7

Autorin: Dianne Schilling

Übersetzung: Ursula Tigges

Illustrationen: Roger Johnson, Zoe Wentz, Dianne Schilling
(Seiten 77, 80, 149–157)

Titelbild: unter Verwendung von Motiven von Hendrik Dorgathen

Druck: AALEXX, Großburgwedel

**geeignet für
die Altersstufe** 3 **4 5 ... 8 10** 11

Die Schreibweise der Texte folgt der neuesten Fassung
der Rechtschreibregeln – gültig ab August 2006.

Gedruckt auf chlorfrei gebleichtes Papier.

Inhalt

©Verlag an der Ruhr
Postfach 10 22 51
45422 Mülheim an der Ruhr
www.verlagruhr.de

Soziales *Lernen*
in der
Grundschule

Inhalt

Vorwort

Im letzten Jahrzehnt hat man nacheinander erst der auffallend hohen Schwangerschaftsrate bei Teenagern, dann den Drogen und kürzlich der Gewalt den Kampf angesagt (Diese Beispiele beziehen sich auf die USA, sind aber austauschbar. [Anm. des Übersetzers]). Die Krux solcher Kampagnen ist jedoch, dass sie immer zu spät kommen, wenn das Problem, das angegangen werden soll, bereits epidemische Ausmaße angenommen hat und tief im Leben der Jugendlichen verankert ist. Dabei handelt es sich immer nur um Krisenmaßnahmen, um den „Rettungswagen" an Stelle der Impfung, die die Krankheit schon im Vorfeld verhindert hätte. Statt solcher Kampagnen brauchen wir Programme zur Prävention, die unseren Kindern die Fähigkeiten beibringen, die sie zur Lebensbewältigung benötigen. Nur so haben sie eine Chance, den genannten Schicksalen zu entgehen.

Daniel Goleman

Anmerkung zum Sprachgebrauch:
Um den Lesefluss nicht erheblich zu beeinträchtigen, haben wir in diesem Buch durchgehend nur die männliche Form der Anrede verwandt.
Es sind damit aber immer auch die Frauen gemeint, also die Schülerinnen, Lehrerinnen, Leiterinnen etc.

©Verlag an der Ruhr
Postfach 10 22 51
45422 Mülheim an der Ruhr
www.verlagruhr.de

Soziales *Lernen*
in der
Grundschule

Soziales Lernen in der Grundschule

50 Übungen, Aktivitäten und Spiele

Hinweise zur Benutzung des Buches ...

In diesem Leitfaden finden Sie eine Zusammenstellung der beliebtesten und effektivsten Übungen zur emotionalen Erziehung. Die Übungen sollen helfen, die Theorien und Empfehlungen namhafter Fachleute auf dem Gebiet des kognitiven und emotionalen Lernens – zu ihnen gehört auch der Verhaltensforscher und Bestsellerautor Daniel Goleman („Emotionale Intelligenz") – in die Praxis umzusetzen.

Wichtig ist dabei vor allem, das Gefühlsleben der Kinder und Jugendlichen nicht zu vernachlässigen oder einfach als gegeben hinzunehmen. Gefühle, Selbstbewusstsein, Lebenstüchtigkeit, Konfliktbewältigung, Selbstvertrauen und alle anderen Entwicklungsbereiche, deren Einfluss auf die emotionale Intelligenz erkannt wurde, sind für ihr Zurechtkommen im Leben von entscheidender Bedeutung. Wissenschaftliche Untersuchungen zur Gehirnforschung bestätigen auf eindrucksvolle Weise, dass Lehrer und Erzieher zu Recht viel Zeit und Energie auf diese Bereiche verwenden. Gefühle sind keine unbändigen Überbleibsel aus der Steinzeit, die zum Schweigen gebracht oder ignoriert werden müssen, während wir unsere kognitiven Denkfähigkeiten stetig weiterentwickeln. Gefühle bestimmen unser Verhalten. Sie prägen unsere Wertvorstellungen und die Neigung zu bestimmten Handlungsweisen. Emotionale und rationale Fähigkeiten sind gleich wichtige, voneinander abhängige Komponenten der menschlichen Intelligenz.

Zur Einteilung der Kapitel

Die im Folgenden stichwortartig zusammengefassten zehn Kapitel dieses Buches beinhalten jeweils fünf Übungen und stellen ein umfassendes Konzept zur emotionalen Erziehung dar:

— Selbstbewusstsein

- persönliche Eigenschaften erkennen, die die Individualität eines Menschen auszeichnen, wie z.B. Vorlieben, Abneigungen, Hoffnungen, Stärken, das soziale Umfeld, Talente, Schwächen u.a.;
- sich der inneren und äußeren Zustände und Vorgänge bewusst werden.

— Umgang mit Gefühlen

- Gefühle beschreiben lernen;
- den Zusammenhang zwischen Gedanken, Gefühlen und Handlungen erfassen;
- Hinweise auf die Gefühle anderer genau erkennen und angemessen darauf reagieren; herausfinden, was sich hinter einem Gefühl verbirgt (was liegt z.B. der Wut zu Grunde?);
- lernen, Gefühle angemessen auszudrücken und zu kontrollieren.

— Entscheidungen treffen

- untersuchen, was eine Entscheidung beeinflusst;
- lernen, wie man Schritt für Schritt zur Entscheidung zu findet;
- den Entscheidungsprozess in einer realen Situation erproben.

— Umgang mit Stress

- verstehen, was Stress ist, woher er kommt und wie er den Alltag beeinflusst;
- erkennen, wie man durch Übungen, Ernährung, Fantasiereisen, Entspannungsmethoden und eine veränderte Einstellung Stress kontrollieren und reduzieren kann.

— Selbstbild

- eine stabile Identität aufbauen und lernen, sich selbst zu schätzen und anzunehmen;

©Verlag an der Ruhr
Postfach 10 22 51
45422 Mülheim an der Ruhr
www.verlagruhr.de

Soziales *Lernen*
in der
Grundschule

- „innere Monologe" kontrollieren, um negative Botschaften, wie z.B. die Selbst-Abwertung aufzufangen;
- eigene Talente und Fähigkeiten und die der anderen anerkennen.

— Verantwortungsbewusstsein

- eigenes Handeln hinterfragen und dessen Konsequenzen abschätzen;
- lernen, wann und wie man „Nein" sagt;
- sich der in fast allen Situationen möglichen persönlichen Entscheidungsfreiheit bewusst werden;
- Verantwortung für Entscheidungen und Handeln übernehmen.

— Einfühlungsvermögen

- sich in die Lage anderer hineinversetzen und deren Gefühle verstehen;
- fürsorgliches und mitfühlendes Verhalten entwickeln.

— Kommunikation

- effektive Kommunikationstechniken erlernen und trainieren;
- Ich-Aussagen benutzen, statt Vorwürfe zu erheben;
- aktiv zuhören.

— Gruppendynamik

- Verhaltensweisen und Rollen innerhalb der Gruppe kontrollieren und reflektieren;
- Kooperation trainieren und erleben, aufeinander angewiesen zu sein;
- erkennen, wann es angebracht ist, zu leiten und wann, sich anzuschließen.

— Umgang mit Konflikten

- verstehen, dass Konflikte ganz natürlich sind und produktiv genutzt werden können;
- fair streiten lernen;
- verschiedene Strategien zur Konfliktbewältigung erlernen und üben, so zu verhandeln, dass beide Parteien gewinnen („win-win"-Ansatz);
- Kompromisse eingehen und Probleme lösen.

Jedes der zehn Kapitel beinhaltet drei Gruppen-Aktivitäten, zwei komplett ausgearbeitete Abläufe von Gesprächskreisen und eine Liste mit Themenvorschlägen für zusätzliche Gesprächskreise, mit denen Sie die Wirkung dieses intensiven Gruppenprozesses über viele Wochen fortsetzen können. Bevor Sie den ersten Gesprächskreis in Angriff nehmen, sollten Sie jedoch das Kapitel „Die EQ-Supermethode: Der Gesprächskreis" lesen (S. 31).

Zu vielen Übungen gehört ein Arbeitsblatt, das Sie kopieren und an die Schüler verteilen können. Auf den Arbeitsblättern werden die Kinder direkt angesprochen. Erläuterungen zum Einsatz der Arbeitsblätter finden Sie unter dem Stichwort „So geht es" in der Anleitung zur jeweiligen Übung.

Die vorgeschlagene Reihenfolge der Übungen darf ruhig flexibel gehandhabt werden. Wir möchten Sie ermutigen, offen und beweglich zu bleiben, ganz gleich, ob Sie nun den Kapiteln folgen oder zwischen ihnen hin und her springen. Lassen Sie bei den einzelnen Übungen die Reaktionen der Kinder getrost zu, denn so entstehen neue Ideen, wie Sie die emotionale Bildung mit anderen Fächern verknüpfen können.

Nehmen Sie die nötigen Änderungen vor, um die Übungen auf die Interessen, Fähigkeiten, den sozialen Hintergrund und die Lerngewohnheiten Ihrer Schüler abzustimmen. Durch Ihre Erfahrung und den regelmäßigen Kontakt zu den Kindern sind Sie selbst am besten in der Lage, zu erkennen, ob sich eine Übung eignet oder eventuell den Gegebenheiten angepasst werden muss.

Schulung der emotionalen Intelligenz

Der kindliche Verstand besteht aus zwei Ebenen, von denen die eine für das Denken und die andere für das Fühlen zuständig ist.
Diese beiden Systeme wirken auf unterschiedliche und dennoch voneinander abhängige Formen der Intelligenz ein: auf die **rationale Intelligenz (IQ)** und die **emotionale Intelligenz (EQ)**. Beide zusammen bestimmen, wie Kinder im Alltag und ihr ganzes Leben lang zurechtkommen. Die rationale Intelligenz kann ohne die emotionale Intelligenz nicht optimal funktionieren, während Letztere vom kühlen Urteilen der Ratio profitiert.
Arbeiten beide reibungslos und effektiv zusammen, so entfalten sich sowohl emotionale Intelligenz als auch die intellektuellen Fähigkeiten.

Zur emotionalen Intelligenz gehört die Fähigkeit, mit eigenen Gefühlen und Bedürfnissen sowie den Gefühlen und Bedürfnissen anderer umzugehen. Sie bestimmt wesentlich das Zusammenleben der Menschen. Wie wir miteinander auskommen, hängt davon ab, wie gut wir mit uns selbst klarkommen und wie gut wir auf andere eingehen können.

Dem amerikanischen Psychologen und Autoren Daniel Goleman ist es zu verdanken, dass der Begriff der **emotionalen Intelligenz** (EQ) mit Erziehung und Lernen in Verbindung gebracht wurde. Er hat ihre Bedeutung für den Erfolg in verschiedenen Lebens- und Leistungsbereichen herausgestellt. Seines Erachtens nach kommt bei einer erfolgreichen Lebensbewältigung der emotionalen Intelligenz eine weitaus größere Bedeutung zu als der rationalen Intelligenz.

Golemans Bestseller „Emotionale Intelligenz" bietet eine Darstellung von Forschungsergebnissen aus den Gebieten Erziehungswissenschaft, Medizin, Verhaltens- und Intelligenzforschung. Dieses Buch löste eine breite Diskussion aus.

▶ Was ist emotionale Intelligenz?

Immer noch gibt es Definitionen, die Emotion als intensiven geistigen Zustand bezeichnen, der eher subjektiv und individuell als durch bewusste Anstrengung hervorgerufen wird und oft von physiologischen Veränderungen begleitet wird. Weiterhin heißt es, dass Emotionen Teil des Bewusstseins sind und Gefühle und Gemütsempfindungen einschließen.

Das Wort Emotion ist aus der lateinischen Wurzel ‚emovere' entstanden und bedeutet ursprünglich ‚herausbewegen' oder auch ‚erschüttern'. Jeder, der schon einmal intensive Freude, Verlangen, Wut oder Schmerz erfahren hat, weiß, dass Emotionen alles andere als statische Gemütszustände sind. Emotionen sind etwas, das wir tun.

Emotionen steuern unsere Aufmerksamkeit und treiben uns zum Handeln an, indem sie sehr schnell die Reaktionen der unterschiedlichen biologischen Systeme koordinieren – Gesichtsausdruck, Anspannung der Muskeln, Stimme, Nerven, Hormone – und uns damit in optimale Reaktionsbereitschaft versetzen.

Emotionen helfen uns, eine eigene Position in einer bestimmten Umgebung einzunehmen, lassen uns auf Menschen oder Dinge zugehen und uns bestimmten Verhaltensweisen und Ideen zuwenden, während sie uns von anderen abhalten.

Mit ihrer Hilfe können wir uns in gefährlichen Situationen verteidigen, uns verlieben, Dinge schützen, die uns etwas bedeuten, über große Verluste klagen und schwierige Hürden bei der Verfolgung eines Ziels überwinden.

Die Begriffe Emotion und Motivation sind eng miteinander verbunden. Um stark motiviert zu sein, brauchen wir ein starkes Gefühl.

Wir werden einerseits zu etwas, andererseits aber auch durch etwas bewegt. Goleman formuliert dies folgendermaßen: *„Jede tiefe Emotion wurzelt in einem Handlungsimpuls. Mit solchen Impulsen umzugehen, ist Grundlage der emotionalen Intelligenz".*

Die Begriffe emotionale Intelligenz, emotionale Bildung, emotionale Kompetenz und emotionale Fähigkeiten werden in diesem Buch in verschiedenen Zusammenhängen gebraucht. **Emotionale Intelligenz** meint das geistige *Fassungsvermögen,* mit dem Informationen emotionaler Art aufgenommen und verwertet werden, auf Grund dessen wir emotional empfinden und reagieren können. Diese Fähigkeit ist auf der emotionalen Ebene des Verstandes angesiedelt. Die Begriffe **emotionale Bildung** und **emotionale Kompetenz** sind austauschbar. Sie beschreiben die mehr oder weniger ausgeprägte *Fähigkeit,* Gefühle zu erfahren und produktiv mit ihnen umzugehen. Diese Begriffe werden mit EQ abgekürzt. Emotionale Fähigkeiten sind bestimmte Verhaltensmerkmale und persönliche Eigenschaften wie Selbsterkenntnis, Einfühlungsvermögen, Impulsbeherrschung, die Fähigkeit zuzuhören, Entschlusskraft und Umgang mit Wut. Unsere emotionale Intelligenz und der Grad der emotionalen Kompetenz sind von der Entwicklung dieser Eigenschaften abhängig.

Der Wächter und der Stratege

Erziehungswissenschaftler, die sich auf dem Gebiet der Intelligenzforschung spezialisiert haben, vermuten seit vielen Jahren, dass Emotionen als Initialzünder und Treibstoff des Lernens fungieren.

In diesem Zusammenhang wird auch der Theorie der „Emotionalen Intelligenz (EQ)" zunehmend mehr Beachtung geschenkt. Lehrer und Erzieher bemühen sich seit Langem um die Erziehung zu Selbstvertrauen und Lebenstüchtigkeit. Dennoch gab es bis zum Erscheinen von Golemans Buch keine so Aufsehen erregende Zusammenstellung wissenschaftlicher Erkenntnisse. Fall für Fall wird gezeigt, mit welcher Macht das Emotionale Denken den Verstand außer Kraft setzt – mit positiven wie auch negativen Konsequenzen.

Um die Entstehungsweise von Emotionen zu verdeutlichen, bedient sich Daniel Goleman einer vereinfachten schematischen Darstellung, die die komplexen Abläufe im Gehirn veranschaulicht.
Im Folgenden soll anhand der Wirkungsweise zweier Gehirnsysteme, der des limbischen Systems und der des Neokortex, das Entstehen des emotionalen Denkens verdeutlicht werden.

◗ Der Wächter

Ein kleiner Teil des limbischen Systems, der sogenannte Mandelkern (Amygdala), wird als das Zentrum des emotionalen Denkens angesehen. Hier werden Daten, die im Gehirn eintreffen, sofort auf die emotionale Bedeutung hin analysiert und danach an die Großhirnrinde (den zerebralen Kortex) weitergeleitet. Wenn diese Daten den Mandelkern verlassen, sind sie emotional aufgeladen und können, je nach Stärke des emotionalen Inhalts, den Verstand und das Denken außer Kraft setzen.

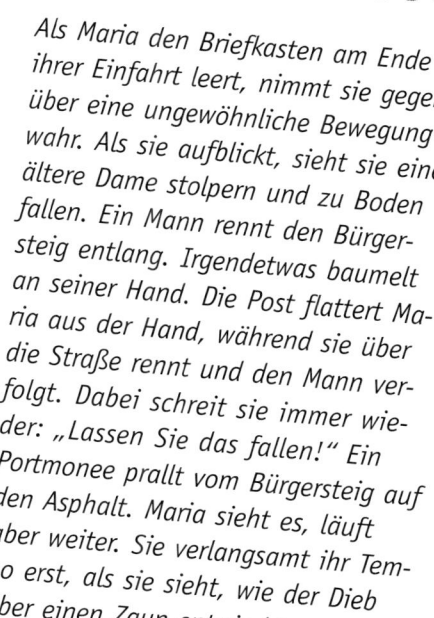

Der Mandelkern ist Spezialist für alle emotionalen Angelegenheiten, Speicher des emotionalen Gedächtnisses und Sitz der Leidenschaft. Er erlaubt uns, die persönliche Bedeutung alltäglicher Ereignisse zu erkennen, die daraufhin Freude auslösen, Mitleid wecken, uns aufregen oder wütend machen.

Der Mandelkern spielt die Rolle eines Wächters, der jedes Ereignis nach Anzeichen von Schwierigkeiten abtastet. Wesentlich schneller als der rationale Verstand rüstet er zum Handeln – ohne Rücksicht auf mögliche Folgen.

In emotionalen Notfällen ruft der Mandelkern den Ausnahmezustand aus und zieht die übrigen Abteilungen des Gehirns für sein Krisenprogramm heran. Goleman nennt diesen Zustand einen **„emotionalen Überfall"**, da er sich so schnell vollzieht, dass das denkende Gehirn keine Möglichkeit hat, zu erfassen, was passiert und geeignete Maßnahmen zu veranlassen.

Hier ein Beispiel:

Als Maria den Briefkasten am Ende ihrer Einfahrt leert, nimmt sie gegenüber eine ungewöhnliche Bewegung wahr. Als sie aufblickt, sieht sie eine ältere Dame stolpern und zu Boden fallen. Ein Mann rennt den Bürgersteig entlang. Irgendetwas baumelt an seiner Hand. Die Post flattert Maria aus der Hand, während sie über die Straße rennt und den Mann verfolgt. Dabei schreit sie immer wieder: „Lassen Sie das fallen!" Ein Portmonee prallt vom Bürgersteig auf den Asphalt. Maria sieht es, läuft aber weiter. Sie verlangsamt ihr Tempo erst, als sie sieht, wie der Dieb über einen Zaun entwischt.

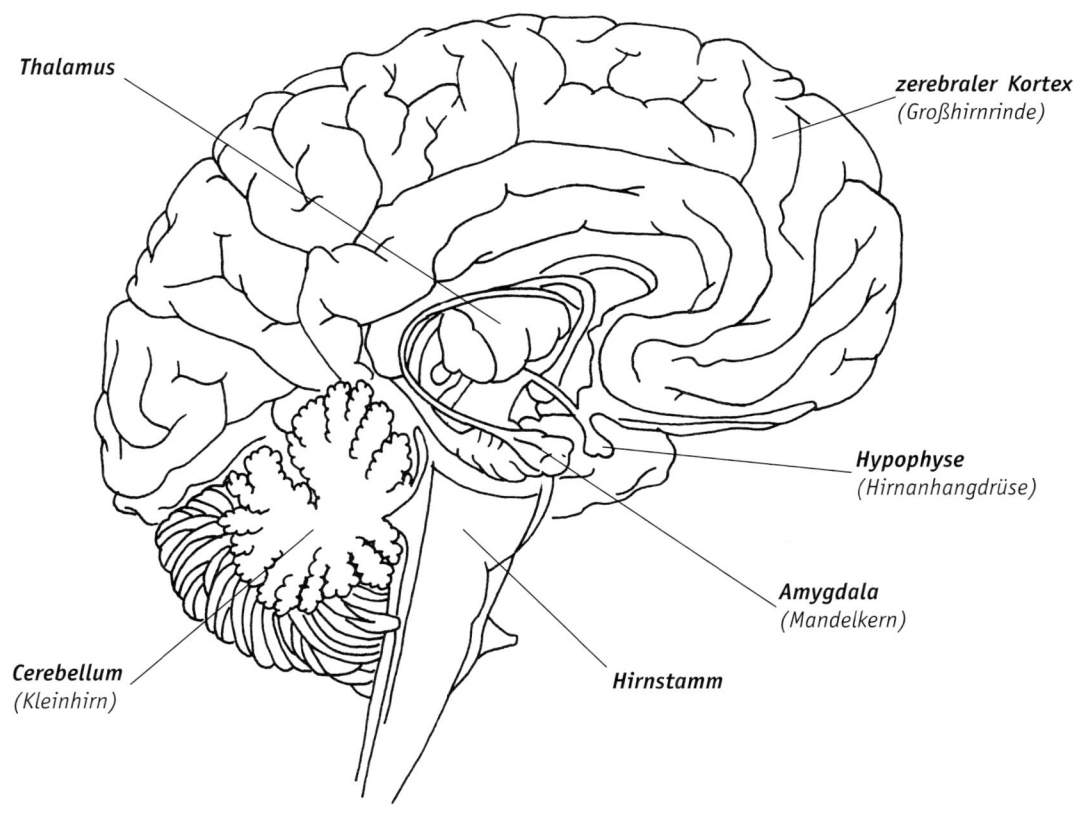

Thalamus

zerebraler Kortex
(Großhirnrinde)

Hypophyse
(Hirnanhangdrüse)

Amygdala
(Mandelkern)

Hirnstamm

Cerebellum
(Kleinhirn)

©Verlag an der Ruhr
Postfach 10 22 51
45422 Mülheim an der Ruhr
www.verlagruhr.de

Soziales *Lernen*
in der
Grundschule

Dies ist ein Beispiel für einen „emotionalen Überfall". Marias Verhalten war nicht rational. Sie war weder Zeugin des Zwischenfalls, noch hat sie sich mit dem mutmaßlichen Opfer verständigt. Das Portmonee hat sie erst gesehen, als es zu Boden fiel. Marias emotionales Gehirn hat ein paar optische Signale zusammengefügt und eine kleine Heldentat vollbracht, über die sie sich erst klar wurde, nachdem alles vorbei war. Maria fühlte nur einen Sturm der Entrüstung, der sich erst langsam legte, als sie zu ihrer älteren Nachbarin zurückkehrte, um sie zu beruhigen. Ihre eigene Brieftasche war wenige Monate zuvor ebenfalls gestohlen worden.

In Krisensituationen oder Momenten heftiger Erregung, wie es bei Maria der Fall war, dominieren die Gewohnheiten des emotionalen Denkens in positiver wie auch in negativer Hinsicht. Deshalb sind wir nach einem „emotionalen Überfall" von unserem eigenen Verhalten überrascht. „Das hätte ich besser nicht tun sollen. Ich weiß nicht, was in mich gefahren ist", lautete Marias vernünftiges Urteil, kurz nachdem sie die Geldbörse zurückgegeben hatte und über ihr Verhalten nachdachte.

Die blitzschnellen Reaktionen des emotionalen Gehirns erfolgen ohne bewusste Steuerung.
Ihr Ziel ist es, uns vor Gefahren zu schützen und uns am Leben zu erhalten. Unsere ältesten Vorfahren mussten in Bruchteilen von Sekunden reagieren können, wenn schnelle Entscheidungen gefordert waren: Wegrennen oder kämpfen. Verstecken oder angreifen. – Zum langen Nachdenken blieb da keine Zeit.
Man hat festgestellt, dass Handlungen, die durch das emotionale Denken gesteuert werden, in ein paar tausendstel Sekunden ablaufen und ein überwältigendes Maß an Treffsicherheit aufweisen.

❱ Der Stratege

Das komplizierte Netzwerk, auf dem Emotionen und Empfindungen beruhen, umfasst nicht nur das limbische System, sondern auch den Neokortex – insbesondere die Präfrontallappen unmittelbar hinter der Stirn. Dieser Teil des emotionalen Gehirns ist in der Lage, Gefühle zu kontrollieren, um Situationen neu einzuschätzen und effektiver mit ihnen umzugehen. Es handelt sich also um eine Art Kontrollraum, in dem zielgebundenes Handeln geplant und organisiert wird.
Wird ein Gefühl ausgelöst, so analysieren die Präfrontallappen innerhalb von wenigen Augenblicken mögliche Verhaltensweisen und wählen die beste Alternative.

Bei großer Angst oder Wut kann der Neokortex z.B. eine ruhigere, angemessenere Reaktion hervorrufen. Er kann sogar die Notsignale dämpfen, die der Mandelkern aussendet. Dieser Mechanismus ist jedoch langsamer, weil er längere Wege zurücklegen muss.
In Marias Fall kam die Kontrolle zu spät. Nicht, dass sie jede Vorsicht in den Wind geschlagen hätte. Ihre eigene Sicherheit kam ihr jedoch erst in den Sinn, nachdem die Verfolgung beendet war.

❱ Interne Kämpfe

So weit scheinen Amygdala und Neokortex perfekte Partner zu sein: **Der aufmerksame Wächter signalisiert Gefahr, während der kühle Stratege eine besonnene Verhaltensweise wählt.** Der Wächter kann jedoch leicht überreagieren, so dass heftige Gefühle unsere Fähigkeit, vernünftig nachzudenken, zerschlagen. Angst kann uns stumm oder wahnsinnig machen. Wut kann uns aufstacheln oder lähmen.
In solchen Momenten werden auf dem Weg vom Mandelkern zu den Präfrontallappen neurale Störungen produziert. Sie beeinträchtigen die Fähigkeit der Präfrontallappen, das Gedächtnis weiterarbeiten zu lassen. Aus diesem Grund können wir nicht klar denken, wenn wir aufgebracht sind.

Diese emotionalen Bahnen und die automatischen Reaktionen, die sie auslösen, werden durch Erfahrungen in der Kindheit geformt. Emotionsgesteuerte automatische Reaktionen

©Verlag an der Ruhr, Postfach 10 22 51, 45422 Mülheim an der Ruhr, www.verlagruhr.de — Soziales Lernen in der Grundschule

werden gewöhnlich in der frühen Kindheit, im Alter von etwa vier Jahren, erlernt. Nach Goleman genügt es, dass eine gegenwärtige Situation Merkmale aufweist, die einer vergangenen ähnlich sind. Sobald das emotionale Gedächtnis ein solches Merkmal wiedererkennt, werden die Gefühle, die mit dem früheren Ereignis verbunden waren, erneut ausgelöst.

Das emotionale Gehirn reagiert auf die Gegenwart, als wäre es die Vergangenheit. Diese Reaktion vollzieht sich automatisch und schnell, ist aber nicht unbedingt der aktuellen Situation angemessen. Häufig merken wir nicht einmal, was passiert. Goleman beschreibt dies folgendermaßen:

„Das emotionale Gehirn folgt einer assoziativen Logik. Es hält Elemente, die die Realität symbolisieren oder eine Erinnerung daran hervorrufen, für die Realität selbst. Während der rationale Verstand eine logische Verbindung zwischen Ursache und Folge herstellt, koppelt das emotionale Gehirn Dinge, die verblüffend ähnliche Merkmale aufweisen. Die Denkweise des rationalen Verstandes basiert auf objektiven Tatsachen. Das emotionale Gehirn hält seine Überzeugungen für absolute Wahrheiten und lässt Beweise für das Gegenteil unberücksichtigt. Deshalb ist es auch völlig nutzlos, mit jemandem zu argumentieren, der emotional aufgewühlt ist. Das logische Denken ist völlig ausgeschaltet und fällt nicht ins Gewicht. Gefühle rechtfertigen sich selbst.“

Der positive Einfluss der emotionalen Intelligenz

Gefühle wirken auf alle Lebensbereiche ein: Gesundheit, Lernen, Verhalten und Beziehungen.

Emotional kompetente Kinder und Jugendliche kennen nicht nur die eigenen Emotionen, sondern können auch wirksam auf die Gefühle anderer eingehen. Sie sind in allen Lebensbereichen im Vorteil, sei es in der Familie oder Peergruppe, in der Schule oder beim Sport, bei der Beschäftigung mit gemeinschaftlichen oder organisatorischen Angelegenheiten. Kinder mit ausgeprägten emotionalen Fähigkeiten sind auch eher in der Lage, ein glückliches und erfülltes Leben zu führen. Sie verfügen über Denkgewohnheiten, die ihnen als Erwachsene persönlichen und beruflichen Erfolg sichern.

Kinder aus Elternhäusern und Schulen, in denen die emotionale Intelligenz mit der gleichen Sorgfalt gefördert wird wie ihre kognitiven Kompetenzen, ertragen leichter Frustration, geraten seltener in Auseinandersetzungen und neigen weniger zu selbstzerstörerischem Verhalten. Sie sind gesünder, weniger einsam oder impulsiv und konzentrierter. Durch die Entfaltung der emotionalen Intelligenz werden sowohl zwischenmenschliche Beziehungen verbessert als auch damit die kognitiven Leistungen.

▶ Gesundheit

Es ist mittlerweile unumstritten, dass Gefühle einen großen Einfluss auf unsere Gesundheit haben. Die Wissenschaft hat lange angenommen, dass Verstand und Nervensystem vom Immunsystem getrennt seien und sich von diesem unterscheiden. In Wirklichkeit stehen diese beiden Systeme jedoch in engem Kontakt zueinander und senden Nachrichten hin und her.

Chemische Botenstoffe, die sowohl im Gehirn als auch im Immunsystem arbeiten, konzentrieren sich besonders in den Nervenzentren, die die Gefühle regulieren. Im Folgenden sollen nur einige der Verflechtungen genannt werden:

- Das Gefühl, gehemmt oder genötigt zu werden, beeinträchtigt die Immunfunktion. Menschen, die ihre Gefühle verbergen oder sich weigern, über Dinge zu sprechen, die sie emotional stark berühren, neigen auf Grund des geschwächten Immunsystems häufiger zu Infekten.

- Wut oder negative Gefühle sind schädlich und stellen für den Körper eine Gefahr dar.

- Studien zufolge besteht ein Zusammenhang zwischen Erkältungen und Infektionen der oberen Luftwege und Verstimmungen im Gefühlshaushalt, die sich kurz vor dem Auftreten der Krankheitssymptome äußerten.

- Zahlreiche Untersuchungen haben gezeigt, dass eine positive, unterstützende Beziehung wie eine gute Medizin wirken kann. Sie bildet ein Polster für das Immunsystem und beschleunigt Genesungsprozesse. Kranke Menschen, die von Freunden und der Familie versorgt werden, genesen daher in der Regel schneller als Menschen ohne emotionale Unterstützung.

▶ Lernen

Viele leistungsschwache Schüler weisen auch in Bezug auf ihre emotionalen Kompetenzen Defizite und Störungen auf. Misserfolge im Bereich kognitiver Leistungen wirken sich negativ auf das Selbstwertgefühl aus und beeinträchtigen auch den Umgang mit den (vermeintlich erfolgreicheren) Mitschülern. Umgekehrt verhindert wenig ausgeprägte emotionale Kompetenz erfolgreiches Lernen, da dieses niemals isoliert stattfindet, sondern immer in Interaktion und Kooperation mit Mitschülern und Lehrern.
Viele Untersuchungen haben ergeben, dass

ausgeprägte emotionale Fähigkeiten nicht nur die kognitiven Leistungen der Schüler verbessern, sondern auch den Lehrern mehr Zeit für den Unterricht lassen. Denn emotional gebildete Kinder unterbrechen und stören weitaus seltener. Sie braucht man nicht so oft zur Disziplin zu ermahnen.

Hinzu kommt die Tatsache, dass die kognitive Intelligenz keinerlei verlässliche Hinweise auf Erfolg im Leben gibt. Studien haben gezeigt, dass der IQ, mit dem die kognitiven Leistungen erfasst werden, nur 20 Prozent der Faktoren liefert, die den Erfolg im Leben bestimmen. Die restlichen 80 Prozent bleiben anderen Kräften überlassen.

Demnach übt der IQ nur wenig Einfluss auf Glück, Erfolg und die persönliche Lebensführung aus.
Ein Grund dafür ist die Tatsache, dass kognitive Fähigkeiten kaum zur Anwendung kommen, wenn Motivation und Antriebskraft fehlen. Letztere stellen aber im Lernprozess wesentliche Aspekte dar und sind Produkte der Emotionalen Intelligenz.
Bei Kindern mit ausgeprägten emotionalen Fähigkeiten ist der Wunsch, zu lernen und Erfolg zu haben größer, sowohl im schulischen als auch im außerschulischen Bereich. Positive Gefühle, wie Spannung, Neugier, Stolz, sind Treibstoff für die Motivation. Der Enthusiasmus, der aus diesen Gefühlen resultiert, treibt Kinder und Jugendliche zum Ziel.

▶ Verhalten

Immer wieder wird die zunehmende Gewalt- und Aggressionsbereitschaft der Schüler beklagt. Lehrer, die früher lediglich mit Störenfrieden und Kindern, die sich nicht an die Regeln hielten, zu kämpfen hatten, müssen heute sich selbst und andere Schüler vor tätlichen Übergriffen schützen. Solange sich dieser Zustand nicht bessert, leidet die Erziehung. Die Selbstmordrate bei Jugendlichen und Statistiken über Drogenkonsum bestätigen den Bedarf an emotionaler Erziehung: **Selbstbewusstsein, Entschlusskraft und Umgang mit Stress müssen gelernt werden.**

©Verlag an der Ruhr
Postfach 10 22 51
45422 Mülheim an der Ruhr
www.verlagruhr.de

Soziales *Lernen*
in der
Grundschule

▶ Beziehungen

Kinder, die sich emotional kompetent verhalten, verstehen es, mit anderen Kindern und Erwachsenen umzugehen. Sie agieren flexibel, bedacht und verantwortlich, ohne ihre eigenen Bedürfnisse und die eigene Integrität zu opfern. Sie besitzen ein Gefühl für den richtigen Zeitpunkt und können sich Gehör verschaffen oder Hilfe verlangen, wenn sie sie brauchen. Darüber hinaus verarbeiten Kinder mit ausgeprägtem Sozialverhalten sowohl nonverbale als auch verbale Botschaften und sind sich bewusst, dass das Verhalten einer Person auch Auswirkungen auf andere hat. Sie übernehmen Verantwortung für ihr Tun.

Kinder dagegen, die ihre Gefühle nicht zu deuten oder auszudrücken verstehen, sind frustriert. Sie begreifen nicht, was in ihnen und um sie herum vorgeht. Oft werden sie sogar als seltsam angesehen und verursachen anderen ein unbehagliches Gefühl. Ohne emotionale Kompetenz missverstehen Kinder leicht einen Blick oder eine Äußerung und reagieren unangemessen, da sie ihre Unsicherheit nicht ausdrücken können und ebenso wenig in der Lage sind, die Absichten und Wünsche anderer zu verstehen. In der Regel fehlt ihnen das Einfühlungsvermögen. Ihnen ist dann nicht richtig bewusst, wie ihr Verhalten auf andere wirkt.

Frühkindliche Entwicklung

Die erste Schule für emotionale Bildung ist das Elternhaus. Die Art und Weise, wie Eltern ihre Kinder behandeln, hat tiefe und langfristige Konsequenzen für das emotionale Leben.

Um ihren Kindern dabei zu helfen, konstruktiv mit ihren Gefühlen umzugehen, müssen die Eltern selbst ausreichend emotional ausgeglichen sein. Kinder solch emotional kompetenter Eltern können in der Regel besser mit den eigenen Gefühlen umgehen. Sie beruhigen sich leichter, wenn sie aufgebracht sind, erfreuen sich häufig einer besseren Gesundheit, sind im Freundeskreis beliebter, entwickeln ein ausgeprägteres Sozialverhalten, haben weniger Verhaltensschwierigkeiten, können sich länger konzentrieren und werden besser mit Anforderungen fertig.
Eltern hingegen, die die Gefühle ihrer Kinder nicht oder zu wenig respektieren, oder die im umgekehrten Fall jede emotionale Reaktion als gleich angemessen akzeptieren, gefährden nicht nur die emotionale, sondern auch die intellektuelle Entwicklung ihres Kindes.

Zu Gewalttätigkeit neigende Kinder haben oft Eltern, die wenig Interesse an ihrem Leben zeigen. Dennoch bestrafen diese Eltern sie streng für tatsächliche oder vermutete „Vergehen". Solche Eltern handeln nicht unbedingt böswillig. Gewöhnlich wiederholen sie die Erziehung, die ihnen selbst in der Kindheit zuteil wurde. Oft wollen sie nur das Beste für ihre Kinder, haben aber keine Ahnung, wie sie dies erreichen können.

Die emotionale Fähigkeit, die gewalttätigen Kindern am meisten fehlt, ist Einfühlungsvermögen. Sie sind nicht in der Lage, nachzuempfinden, was ihr Gegenüber fühlt, und sind nicht fähig, die Situation aus der Sicht des anderen zu betrachten. Vielfach ist dieser Mangel an Einfühlungsvermögen auch bei Kindern zu beobachten, die einen psychischen oder physischen Missbrauch erleiden mussten.

©Verlag an der Ruhr
Postfach 10 22 51
45422 Mülheim an der Ruhr
www.verlagruhr.de

Soziales *Lernen*
in der
Grundschule

Missbrauch und andere Eingriffe in den Gefühlshaushalt der Kinder töten ihr Einfühlungsvermögen.

Kinder, die wiederholt psychisch oder physisch missbraucht worden sind, leiden häufig auch am so genannten **„Posttraumatischen Stress-Syndrom"** (PTSD).

Wenn ein Kind sich in Lebensgefahr befindet und nichts tun kann, um der Gefahr zu entkommen, verändert sich die Gehirnfunktion. Kinder, die unter dem PTSD-Syndrom leiden, reagieren in Situationen, die die Erinnerung an traumatische Erlebnisse hervorrufen, mit der Freisetzung hoher Dosen von chemischen Substanzen im Gehirn. Selbst dann, wenn die aktuelle Situation nur wenig oder gar keine Bedrohung bedeutet.

Das traumatische Erlebnis ist ein emotionaler Reiz, der einen Lernprozess auslöst. In diesem Lernprozess wird eine Reihe von Reaktionen an die traumatische Situation gekoppelt und das damit verbundene Verhalten in den neuronalen Gedächtnisstrukturen verfestigt. PTSD ist also eine Störung des limbischen Systems.

Es besteht jedoch auch Hoffnung: Das Verhalten emotional gestörter Kinder – ob bei der Neigung zur Gewalttätigkeit oder beim PTSD-Syndrom – ist veränderbar. Der Emotionshaushalt dieser Kinder kann wieder ins Gleichgewicht gebracht werden, indem alte, unangebrachte Reaktionsmuster aufgegeben werden und das Handlungsrepertoire erweitert wird.

▶ Emotionale Fenster

Untersuchungen weisen darauf hin, dass Eigenschaften wie Vorwitz oder Schüchternheit, aufbrausendes Temperament oder Melancholie zumindest teilweise genetisch veranlagt sind. Kinder können eine Veranlagung zum aufbrausenden Temperament besitzen, die sich dann in bestimmten Verhaltensmustern äußert. Diese zum Teil angeborenen emotionalen Reaktionsmuster lassen sich jedoch durch entsprechende positive Erfahrungen abwandeln.

Frühkindliche emotionale Erfahrungen stellen einen ähnlichen Fall dar. Auch sie äußern sich in bestimmten Reaktionsmustern. Die Ursache dafür liegt in den Auswirkungen dieser Erfahrungen auf die Strukturen im Gehirn.

Synaptische Verbindungen werden sehr schnell, innerhalb von Stunden oder Tagen hergestellt. Nach Goleman formen *„Erfahrungen, besonders diejenigen, die wir in der Kindheit machen, (...) die geistige Entwicklung."*

Die Schlüsselfähigkeiten der emotionalen Intelligenz durchlaufen während der Kindheit eine kritische Lernphase von mehreren Jahren. In dieser Zeit findet eine massive Ausprägung der Nervenbahnen statt. Jede von ihnen stellt ein optimales „emotionales Fenster" zur Erlernung besonderer Fähigkeiten dar. Hat das emotionale Denken einmal etwas gespeichert, lässt es das Gelernte nicht mehr los. Wenn ein Fenster einmal geschlossen ist, liegt die Bahn fest. Deshalb ist es auch so schwierig, sich als Erwachsener noch zu ändern. Tatsächlich ändern sich Denkmuster kaum einmal. Dennoch können sie durch neue Einsichten und neu erlernte Reaktionen kontrolliert werden.

Noch bevor ein Kind die Grundschule verlässt, haben sich bereits im „emotionalen Gehirn" bestimmte Handlungsmuster verfestigt. Die Präfrontallappen, die die Impulse des limbischen Systems regulieren, reifen jedoch in der Adoleszenz weiter heran. Durch Fähigkeiten und Gewohnheiten, die sie in späteren Jahren erwerben, können Kinder auch dann noch lernen, ihre Gefühle zu kontrollieren, die emotionale Spannung zu reduzieren und negatives Verhalten durch positives zu ersetzen.

©Verlag an der Ruhr
Postfach 10 22 51
45422 Mülheim an der Ruhr
www.verlagruhr.de

Soziales *Lernen*
in der
Grundschule

▶ Geschlechtsbedingte Unterschiede

Mädchen wird in der Erziehung häufig eine breitere Palette an Gefühlen zugestanden, als das bei Jungen der Fall ist. Jungen meinen oft, Gefühle der Trauer, Angst oder Verwundbarkeit verbergen zu müssen, da diese von dem Umfeld meist negativ bewertet werden. Wenn man die Breite des Gefühlsrepertoires mit der Tatsache verbindet, dass Mädchen häufig schneller sprechen lernen als Jungen, wird klar, warum Mädchen leichter ihre Gefühle ausdrücken können und statt physischer Konfrontation eher Worte zum Ausdruck ihrer Gefühle wählen. Diesen Unterschied haben Verhaltensforscher an Dreizehnjährigen untersucht. Die folgende Tabelle fasst die geschlechtsbedingten Unterschiede auf dem Gebiet der emotionalen Intelligenz zusammen. (Anm.: Diese Auflistung hebt lediglich die *signifikanten* geschlechtsspezifischen Unterschiede, die aus Erziehung und Sozialisation resultieren, hervor.)

13-jährige Mädchen:
- können gut verbale oder nonverbale Gefühlsäußerungen deuten und Gefühle ausdrücken;
- erfahren eine ganze Bandbreite von Gefühlen auf intensive und lebhafte Weise;
- haben gelernt, Aggressionen durch Taktiken wie Nicht-Beachtung, Klatsch, versteckte Rache zu ersetzen;
- sehen sich selbst als Teil eines Netzes sozialer Beziehungen.

13-jährige Jungen:
- können gut Wut äußern;
- spielen Gefühle herunter, die mit Verwundbarkeit, Schuld, Angst und Verletzung zu tun haben;
- gehen auf Konfrontation, wenn sie wütend sind;
- sind stolz auf ihre einsame, „coole" Unabhängigkeit und Autonomie.

Gefühle kontrollieren

Wenn sich die Reaktionen des **Wächters** (Amygdala) bereits verfestigt haben und nicht zu ändern sind, besteht das vorrangige Ziel der emotionalen Erziehung in der Verbesserung der Fähigkeiten des **Strategen** (Neokortex), d.h. in der Erweiterung des Gefühlsrepertoires und der Kontrolle von Gefühlen.

Wie die Ausführungen gezeigt haben, ist der Neokortex in der Lage, Reaktionen des Mandelkerns aufzufangen. Auch wenn manche Kinder weiterhin zu emotionalen Ausbrüchen neigen werden, können sie lernen, deren Dauer und Auswirkungen auf ihr gesamtes Verhalten zu kontrollieren.

Die Psychotherapie ist ein klassisches Beispiel dafür, wie einem Patienten geholfen werden kann, Emotionen systematisch neu zu erlernen. In der Therapie lernen die Patienten ihre Gefühlsreaktionen zu kontrollieren. Das Gleiche wird auch durch konsequente, positive Erziehung erreicht. Sie hilft, sich auf Gefühle zu konzentrieren, die einer Handlung zu Grunde liegen, und nach Alternativen zu inakzeptablem Verhalten zu suchen.

Die Fähigkeit, außer Kontrolle geratene Gefühle wieder in den Griff zu bekommen, ist letztendlich das, was wir „seine Gefühle im Griff haben" nennen.

▶ Selbstbewusstsein

Der erste Schritt, der Kindern helfen soll, ihre emotionalen Reaktionen zu kontrollieren, besteht in der Entwicklung ihres Selbstbewusstseins im Sinne einer bewussten Selbstwahrnehmung. Ein solches Selbstbewusstsein erlaubt ihnen, innere Vorgänge wahrzunehmen. Es hilft, Gefühle genau zu erkennen, Ereignisse zu identifizieren, die einem Gefühlschaos oder emotionalen Überfall vorausgehen, und befähigt sie letztlich dazu, ihre Gefühle wieder unter Kontrolle zu bringen.

Goleman definiert Selbstbewusstsein als ...

„... Bewusstsein über ein Gefühl oder eine Stimmung und Gedanken über dieses Gefühl.", als „ (...) Abstandgewinnen von den Erfahrungen und einen parallelen „Meta"-Bewusstseinsstrom, der etwas über oder neben dem Hauptstrom schwebt, sich dessen bewusst ist, was passiert und nicht darin versinkt und verloren geht."

Das Selbstbewusstsein erlaubt den Kindern, mit ihren Gefühlen umzugehen und schneller schlechte Laune zu überwinden. Selbstbewusste Kinder verstecken nichts vor sich selbst. Indem sie Gefühle benennen, machen sie sich diese zu eigen. Solche Kinder können über Angst, Frustration, Aufregung und Neid sprechen und die gleichen Gefühle auch bei anderen verstehen und darüber nachdenken.

Fehlt einem Kind jedoch dieses Selbstbewusstsein, so wird es leicht von seinen Gefühlen überwältigt und geht darin unter. Nicht zu wissen, was in ihm und um es herum vorgeht, führt zu einem Mangel an Übereinstimmung zwischen Gedanken, Gefühlen und Verhalten des Kindes. Kinder, denen nicht bewusst ist, dass andere die gleichen Emotionen haben wie sie selbst, fühlen sich oft isoliert und glauben: „Ich bin der Einzige, der so fühlt". Ohne Selbstbewusstsein erlangen sie niemals Kontrolle über ihr Leben. Ihr Weg wird dann von anderen oder von Teilen ihrer selbst geplant, die sie gar nicht wahrnehmen.

Selbstwahrnehmung kann die Form reflektierender Beobachtung annehmen („Ich bin verwirrt") oder von abwägenden Überlegungen begleitet sein („Ich sollte nicht so denken" oder „Mach dir darüber keine Gedanken"). Obwohl Gefühle an sich nie richtig oder falsch, gut oder schlecht sind, ist eine solche Art des Urteilens üblich und zeigt, dass Gefühle ihrerseits neue Empfindungen auslösen können. Versucht man jedoch, ein Gefühl loszuwerden oder jemand anderem ein Gefühl auszureden, verdrängt man es bloß aus dem Bewusstsein.

Es setzt dann seine Aktivität unbehelligt und unerkannt über die Nervenbahnen fort – wie Neurosen, Schlaflosigkeit, Magengeschwüre und misslungene Kommunikation der verschiedensten Art belegen.

▶ Umgang mit Wut und bedrängenden Impulsen

Eriks Tag begann nicht mit Vogelgezwitscher oder dem allmorgendlichen DJ im Lokalradio, sondern mit dem Gekreisch seiner Eltern, die sich schon vor Tagesanbruch stritten. Das Müsli war ausgegangen, die Milch sauer. Es gab keine frischen Windeln mehr für das Baby, dessen Theater und Geschrei schließlich den Lärm aus dem Elternschlafzimmer unterbrach. Die Mutter schimpfte Erik aus, weil er angeblich dem Baby wehgetan hätte, und sein Vater schlug ihn sogar. Ohne Bücher oder Hausaufgaben verließ er fluchtartig das Haus. Fast hätte er den Bus verpasst, und als er in der Schule ankam, schalt sein Lehrer ihn, weil er unvorbereitet war. In der Pause lief Erik in die Schussbahn eines Fußballs, der ihn mit voller Wucht am Rücken traf, sodass er keine Luft mehr bekam. Nachdem er wieder zu Atem gekommen war, fand er den Jungen, der den Ball geschossen hatte, und schlug ihm das Gesicht blutig.

Erik hatte eine Menge Gründe, wütend zu sein. Ihm fehlte jedoch, zumindest bei diesem Zwischenfall, ein System interner oder externer Unterstützung, das ihm hätte helfen können, mit seinen Gefühlen umzugehen und den Wutausbruch zu verhindern.

Bei Gefahr für Leben, Sicherheit oder Selbstwertgefühl wird das limbische System in Alarmbereitschaft versetzt. Der ausgelöste Erregungszustand kann längere Zeit, manchmal mehrere Stunden oder Tage anhalten und macht die betreffende Person leicht reizbar.

©Verlag an der Ruhr
Postfach 10 22 51
45422 Mülheim an der Ruhr
www.verlagruhr.de

Soziales *Lernen*
in der
Grundschule

Die Kreativität und Entschlusskraft fördernde Wirkung des Humors rührt daher, dass das Gedächtnis ein „spezifischer Zustand" ist. Wenn wir gute Laune haben, kommen wir eher zu positiven Lösungen und Entscheidungen. Sind wir dagegen schlecht gelaunt, spiegeln auch die Alternativen, die uns einfallen, unsere negative Einstellung wider.

Im Neokortex werden die Entscheidungen gefällt, die Zerstreuung bieten können, wie z.B. einen Zeichentrickfilm ansehen, Basketball spielen, Fahrradfahren oder ein paar Minuten am Computer sitzen. Das limbische Sys-tem kann das Gefühl der Traurigkeit und Melancholie nicht abstellen. Den Neokortex können Kinder jedoch so trainieren, dass er einen Weg aus der düsteren Stimmung heraus findet und positive Handlungsalternativen anbietet.

▶ Beziehungsfähigkeit

Wenn sie Glück haben, gibt es im Umfeld der Kinder Menschen, die ihnen Aufmerksamkeit schenken, aktiv an ihrem Leben teilnehmen und Vorbilder für gesundes, verantwortliches zwischenmenschliches Verhalten darstellen, indem sie die sozialen Fertigkeiten an den Tag legen, die für die zwischenmenschlichen Beziehungen wichtig sind. Die wichtigsten Fertigkeiten in der Kunst der Beziehungen sind Empathie, Zuhören, die Beherrschung nonverbaler Zeichen und die Fähigkeit, auf die Gefühle anderer einzugehen, d.h., sie genau zu deuten, angemessen darauf zu reagieren, kooperativ zusammenzuarbeiten und Konflikte zu lösen.

> Eine Darstellung dieser für die zwischenmenschlichen Beziehungen bedeutsamen Persönlichkeitskomponenten liefert Howard Gardner in seiner Theorie von der **multiplen Intelligenz.**

Howard Gardners Theorie umfasst zwei Arten der **personalen Intelligenz**, die *interpersonale* und die *intrapersonale Intelligenz.* Menschen mit ausgeprägter interpersonaler Intelligenz besitzen die Fähigkeit, Laune, Temperament, Motivationen und Wünsche anderer zu erkennen und angemessen darauf zu reagieren. Die intrapersonale Intelligenz eröffnet dem Einzelnen den Zugang zur eigenen Gefühlswelt, befähigt ihn kritisch yzwischen verschiedenen Gefühlen zu unterscheiden und sich der eigenen Stärken und Schwächen bewusst zu werden.

Die personale Intelligenz ist für Kinder das Rüstzeug, mit dem sie eigene Gefühlsäußerungen kontrollieren und sich auf Reaktionen anderer einstellen können. Sie stimmen mit ihrer Hilfe ihr Sozialverhalten genau auf den gewünschten Effekt ab, sind in der Lage, unausgesprochenes gemeinsames Empfinden auszudrücken und Gruppen zu einem Ziel zu führen. Personale Intelligenz ist demnach die Grundlage für Führungsqualitäten.

Ohne ausgeprägte personale Intelligenz neigen junge Menschen dazu, in wichtigen Bereichen ihres Lebens die falschen Entscheidungen zu treffen. Wenn es zum Beispiel darum geht, wen man als Freund oder Freundin wählen oder wem man nacheifern soll, mit wem man Verabredungen trifft oder eine Beziehung eingeht, welche Fähigkeiten zu entwickeln sind und welcher Berufsweg einzuschlagen ist.

©Verlag an der Ruhr
Postfach 10 22 51
45422 Mülheim an der Ruhr
www.verlagruhr.de

Soziales Lernen
in der
Grundschule

Dies erklärt, warum Kinder (so wie Erik) dann eher auch bei relativ harmlosen Dingen zu Wutausbrüchen neigen, wenn ein anderer, Wut und Ärger auslösender Zwischenfall vorausging. Auch wenn beide Begebenheiten nichts miteinander zu tun haben, resultiert der Ausbruch beim zweiten Zwischenfall aus der Wut, die der erste hinterlassen hat. Eine Reizung wird dann zu Ärger, Ärger zu Wut, und Wut kommt schließlich in Gewalt zum Ausbruch.

Ganz im Gegensatz zu dem, was viele von uns glauben, hilft es nicht, seine Wut „herauszulassen". Ein Kind, das in Wut handelt, wird nur noch wütender. Jeder Wutausbruch verlängert und vertieft aber nur die Verzweiflung.

Es hilft jedoch den Kindern in solchen Situationen, wenn sie lernen, ihre Gefühle im Zaum zu halten, um erst einmal Zeit zu gewinnen. Wenn sie warten, bis sich die Wut abgekühlt hat, können sie dem anderen später ruhiger gegenübertreten. Die Fähigkeit, zu hören, zu denken oder zu sprechen, wird stark beeinträchtigt, wenn negative Gefühle uns überrollen. Eine „Auszeit" ist dann enorm hilfreich. Eine kurze Pause von etwa fünf Minuten reicht jedoch meist nicht aus. Untersuchungen nach ist nach einer starken physiologischen Erregung eine Erholungszeit von mindestens 20 Minuten nötig.
In dem Zusammenhang durchgeführte Untersuchungen haben erwiesen, dass ein Kind seine Wut allein dadurch aufrechterhalten (oder steigern) kann, indem es daran denkt (und darüber spricht).

„Erinnerte oder vorgestellte Erfahrungen können ebenso eine Überschwemmung chemischer Substanzen im Körper auslösen wie die Erfahrung selbst."
— (vgl. Ellen Langer, Harvard University, 1986)

„Der Gedanke an eine Stresssituation ruft die gleichen körperlichen und geistigen Reaktionen hervor wie die wirkliche Erfahrung."
— (American Medical Association. Jahrestagung der Forschung 1993).

Je länger ein Kind über den Gegenstand seiner Wut nachdenkt, umso mehr Gründe und Rechtfertigungen für diese Wut fallen ihm ein. Wenn wir also Kinder dazu ermutigen, über ihre Gefühle zu sprechen, müssen wir darauf Acht geben, nicht noch Öl ins Feuer zu gießen.

Grübeln facht die Wut an; Dinge anders betrachten, bezwingt sie. Eine der besten Methoden, Gefühle zu kontrollieren, besteht daher darin, eine Situation ins rechte Licht zu rücken.

▶ Bei Traurigkeit umschalten

Depression und Traurigkeit sind lähmende Zustände. Wenn ein Kind sich traurig fühlt, ist es so, als würde ein Schalthebel alle Körperfunktionen – Mund, Augen, Kopf, Schultern, Sprache, Energie, Motivation, Wünsche – auf null fahren. Sicherlich ist dann ein Dauerlauf das Letzte, was das Kind gern tun würde. Wenn es sich jedoch dazu zwingt, nach draußen zu gehen, wird es die nötige Ablenkung erfahren.

Der Schlüssel bei dieser Methode liegt darin, das Gemüt von lähmender auf starke, ablenkende Erregung umzuschalten. Übungen und Aktionen zur positiven Zerstreuung, wie z.B. das Anschauen eines lustigen Filmes, bringen die Maschinerie wieder auf Touren und helfen Traurigkeit, Melancholie und leichte Depressionen zu bewältigen. Auch durch das Herbeiführen eines kleinen Erfolges, gelingt es, umzuschalten: Eine Fähigkeit verbessern, ein Spiel gewinnen oder ein angefangenes Projekt fertigstellen sind z.B. solche Möglichkeiten.

Besonders Humor hilft Kindern aus ihrer Trübsal heraus und fördert zusätzlich ihre Kreativität und die Fähigkeit, Probleme zu lösen. Studien haben diese Wirkung des Humors belegt: Menschen, die einen Witz gehört hatten, waren danach wesentlich besser in der Lage, offen zu denken, frei zu assoziieren und fanden leichter zu kreativen Lösungen und Entscheidungen.

©Verlag an der Ruhr
Postfach 10 22 51
45422 Mülheim an der Ruhr
www.verlagruhr.de

Soziales *Lernen*
in der
Grundschule

Merkmale für
interpersonale Intelligenz

- **Gruppen organisieren:** Organisationen bzw. Aktivitäten ins Leben rufen, leiten und durchführen.
- **Über Lösungen verhandeln:** In Konflikten vermitteln, sie vermeiden und lösen; verhandeln und schlichten.
- **Beziehung zu anderen:** Gefühle deuten und auf Gefühle und Bedürfnisse anderer angemessen reagieren, im Team agieren, kooperativ sein.
- **Soziale Analyse:** Verständnis für Motive, Anliegen und Gefühle anderer; Situationen einschätzen können.

Merkmale für
intrapersonale Intelligenz

- **Selbsterkenntnis und -analyse:** Ein genaues Selbstbild besitzen und danach handeln, um Anforderungen bewältigen zu können; die eigenen Werte, Haltungen, Gewohnheiten, Überzeugungen, Stärken, Schwächen und Motive für das Handeln verstehen.
- **Zugang zu Gefühlen:** Die Fähigkeit, zwischen Gefühlen zu unterscheiden und sie zu nutzen, um eigenes Verhalten zu lenken; eigene Gefühle erkennen und angemessen darauf reagieren.
- **Selbstorganisation:** Eigene Ziele klären, planen, motivieren und durchführen können.
- **Impulskontrolle:** Die Fähigkeit, die Befriedigung eines Bedürfnisses aufzuschieben und im Dienste eines übergeordneten Ziels einer Neigung zu widerstehen.
- **Fantasie und Kreativität:** Die Fähigkeit, ein reiches und lohnendes Gefühlsleben aufzubauen.

— Empathie

Alle sozialen Fähigkeiten beruhen auf der emotionalen Einstellung, d.h. auf der Grundlage von Einfühlungsvermögen. Die Fähigkeit, „in den Schuhen eines anderen zu gehen" ist der Anfang von Fürsorge und Altruismus. Gewalttätigen Menschen fehlt meist diese Empathie.

Empathie geht aus dem Selbstbewusstsein hervor. Je besser wir unsere eigenen Gefühle verstehen, desto besser verstehen wir auch die Gefühle anderer und können auf sie reagieren. Empathie spielt ebenfalls eine große Rolle bei moralischen Urteilen. Wir helfen Menschen in Schwierigkeiten, weil wir ihren Schmerz, ihre Angst oder Demütigung nachvollziehen können. Wenn wir uns in jemand anderen hineinversetzen, werden wir dazu motiviert, moralischen Prinzipien zu folgen und andere so zu behandeln, wie wir auch selbst behandelt werden möchten. Diese Fähigkeiten haben wenig mit rationalem Denken zu tun. Studien haben gezeigt, dass Schüler mit hoher Empathiefähigkeit sehr beliebt, positiv eingestellt und sehr erfolgreich sind, obgleich ihr IQ nicht höher als der von Schülern mit geringem Einfühlungsvermögen ist.

Die Empathie entwickelt sich schon im frühen Lebensalter. Bereits Kinder unter zwei Jahren, die den Schmerz eines anderen Kindes miterleben, reagieren so, als ob sie selbst den Kummer erfahren würden. Sobald sie sehen, dass ein anderes Kind weint, müssen sie selbst weinen und laufen in die Arme der Eltern.
Mit etwa zwei Jahren, wenn die Kinder beginnen, sich als Individuen zu begreifen, ist es ganz typisch, dass sie ein weinendes Kind

trösten wollen, indem sie ihm Spielzeug schenken, es streicheln oder umarmen. In der späten Kindheit sind sie dann schließlich in der Lage, Kummer als Folge individueller Lebensbedingungen oder -situationen zu sehen. In diesem Entwicklungsstadium können Kinder mit ganzen Gruppen mitfühlen, wie z.B. mit Armen, Obdachlosen oder Kriegsopfern.

Empathie kann durch verschiedene Formen des Perspektivenwechsels entwickelt werden. Man kann Kinder bitten, in Konfliktsituationen die Gefühle und Ansichten der anderen anzuhören und danach eine Rückmeldung zu geben oder die Sichtweise der anderen zusammenzufassen. Ebenso wirksam ist es, sich die Gefühle literarischer oder historischer Figuren oder die Empfindungen von Personen, die in aktuellen Ereignissen eine Rolle spielen, zu vergegenwärtigen. Ein mit diesen Methoden kombiniertes Rollenspiel verstärkt noch die Wirkung des Sichhineinversetzens in eine andere Person.

— Nonverbale Kommunikationsfähigkeiten

Die verbale Kommunikation ist dem rationalen Verstand zugeordnet; das emotionale Denken bevorzugt dagegen die nonverbale Kommunikation. Wir senden und empfangen Signale für Emotionen wie Spannung, Freude, Sorge oder Wut durch den Gesichtsausdruck oder die Körperbewegungen. Wenn Worte den nonverbalen Botschaften widersprechen – beispielsweise bei einem „Es geht mir gut", das zwischen zusammengebissenen Zähnen hervorgestoßen wird, glauben wir in neun von zehn Fällen den nonverbalen Zeichen und misstrauen der verbalen Äußerung.

Dadurch dass Kinder verschiedene Gefühle ausagieren, schärfen sie ihre Wahrnehmung gegenüber dem nonverbalen Verhalten. Dies geschieht auch durch das Erkennen von Gefühlen, die in Videos, auf Fotos oder Illustrationen gezeigt werden. Emotionen sind ansteckend und übertragbar. Wenn zwei Kinder interagieren, kann

dasjenige von beiden, das seine Gefühle stärker zum Ausdruck bringt, diese Gefühle auf das passivere Kind übertragen, und zwar auch hier nonverbal.
Kinder mit ausgeprägter emotionaler Intelligenz können sich auf die Stimmung anderer Kinder (und Erwachsener) einstellen und andere den eigenen Gefühlen unterwerfen, indem sie den emotionalen Ton einer Interaktion bestimmen.

Der soziale Hintergrund spielt eine wichtige Rolle dabei, welche Verhaltensmuster Kinder erlernen, mit denen sie Gefühle ausdrücken. So spielen sie z.B. bestimmte Gefühle herunter, übertreiben wiederum andere oder ersetzen ein Gefühl durch ein anderes. Dies ist z.B. der Fall, wenn ein Kind Vertrauen signalisiert, in Wirklichkeit aber verunsichert ist. Als Erzieher in einer multikulturellen Gesellschaft müssen wir auf solche Ausdrucksregeln sensibel achten und Schülern dabei helfen, ein ähnliches Bewusstsein gegenüber anderen zu entwickeln.

— Zuhören

Durch Zuhören lernen Kinder Empathie, sammeln Informationen, entwickeln kooperative Beziehungen und bauen Vertrauen auf. Gutes Zuhören wird verlangt, wenn wir an Gesprächen und Diskussionen teilnehmen, Einigungen herbeiführen wollen und Konflikte lösen. Auch für viele andere emotionale und kognitive Kompetenzen ist gutes Zuhören erforderlich.

Nur wenige Fähigkeiten haben größeren und langfristigeren Nutzen als das Zuhören. Leider wird diese Fähigkeit meist eher durch Zufall als durch direktes Training erworben. Die überwiegende Mehrheit aller Kinder und Erwachsenen sind entweder nicht in der Lage oder nicht gewillt, aufmerksam und lange einem anderen zuzuhören.

Untersuchungen haben ergeben, dass mangelndes Zuhören das Lernen erschwert und Verständnis unmöglich macht. Fördert man dagegen die Fähigkeit der Schüler, gut zuzuhören, steigern sich sowohl ihr Auffassungsvermögen als auch ihre intellektuellen Leistungen. Zugleich verbessern sich die Kooperation in der Klasse und das Selbstwertgefühl, da die Schüler durch aufmerksames Zuhören viel mehr vom Unterrichtsgeschehen mitbekommen.

Die Fähigkeit, zuzuhören, stärkt und verfeinert auch die analytische und korrektive Funktion des Neokortex und ermöglicht so emotionales Lernen und Umlernen.

— Umgang mit Konflikten

Die Schule bietet in der Regel eine Menge Konfliktstoff. Von den entlegensten Ecken des Schulhofes bis in die hintersten Winkel des Klassenraums, vom Aufenthaltsraum bis zum Lehrerzimmer gibt es tausend Kleinigkeiten, die täglich zu Zwistigkeiten führen können. Dafür gibt es viele Gründe.

Die Kinder bringen eine Sammlung verschiedenster Vorerfahrungen mit in die Schule – all ihre Gewohnheiten und Überzeugungen, die sie über sich selbst, andere Menschen und ihre Welt entwickelt haben. Eine solche Vielfalt führt unvermeidlich zu Konflikten. Da die Fähigkeit zur Konfliktlösung bei den meisten Kindern aber unterentwickelt ist, sind die Folgen solcher Konflikte oft negativ – manchmal sogar zerstörerisch.

Auch Verschiedenartigkeit löst Konflikte aus. Verständnis, Respekt und Anerkennung gegenüber Ähnlichkeiten und Unterschieden zu erlernen, ist deshalb ein Schlüssel zur Lösung von Konflikten. Leider lernen wir meistens schon als Kinder, dass es nur eine richtige Antwort gibt. Von dem Moment an, in dem wir uns diese irrige Annahme zu eigen machen, verschließt sich unser Denken, und unsere Sichtweise wird eingeengt.

So entstandene Vorurteile können nur schwer beseitigt werden. Es ist jedoch möglich, das emotional Erworbene, das diesen Vorurteilen zugrunde liegt, neu zu erlernen. Eine Möglichkeit für erfolgreiches Umlernen ist beispielsweise die Durchführung von Projekten und Aktivitäten, in denen verschiedene Gruppen zusammen an einem gemeinsamen Ziel arbeiten. Gesellschaftliche Cliquenbildung, besonders wenn sie einander feindlich gegenüberstehen, verstärkt negative Stereotypen. Wenn aber Kinder und Jugendliche gleichberechtigt an einem gemeinsamen Ziel arbeiten – in Gruppen oder Sportvereinen – brechen Stereotypen zusammen.

Auch Programme zur Peergruppen-Mediation bieten eine hervorragende Möglichkeit, ineffektive emotionale Reaktionen auf Konflikte aufzugeben und umzulernen. Die Mediatoren übernehmen dabei die Rolle des Vorbilds, Initiators und Trainers, indem sie ihren Mitschülern helfen, besser zuzuhören und ihre Fähigkeiten, Konflikte oder Probleme zu lösen, auszubauen.

©Verlag an der Ruhr
Postfach 10 22 51
45422 Mülheim an der Ruhr
www.verlagruhr.de

Soziales *Lernen*
in der
Grundschule

26

Training des „emotionalen Gehirns"

Emotionale Intelligenz ist eine Kernkompetenz. Um das Niveau der sozialen und emotionalen Fähigkeiten zu verbessern, müssen Schulen und andere erzieherisch wirkende Institutionen die emotionalen Aspekte aus dem Leben der Kinder, die allzu häufig ignoriert werden, in den Mittelpunkt stellen.

Leider entbehrt der Unterricht, in dem die Beherrschung von Sachwissen betont wird, oft jeden emotionalen Inhalts. Zu viele Lehrer sind davon überzeugt, dass Kinder, die den Lernstoff beherrschen, gut auf das Leben vorbereitet sind. Eine solche Einstellung krankt aber an einem oberflächlichen und verzerrten Verständnis von der Funktionsweise des menschlichen Gehirns.
Viele der Kompetenzen, auf die Erziehungs-

John Caulfield und Wayne Jennings, Experten auf dem Gebiet der Intelligenzforschung und Pädagogik, unterscheiden vier grundlegende Lernbedingungen, um Konzepte zur emotionalen Intelligenz in der Schule zu integrieren:

1. Sicherheit, Geborgenheit, bedingungslose Zuneigung und Förderung für jedes Kind.

2. Eine anregende Atmosphäre im Klassenraum, die eine Fülle an Sinneseindrücken bietet.

3. Lernen durch Erfahrung; eine große Bandbreite an realitätsnahen Aufgaben, mit deren Hilfe Fähigkeiten, Kenntnisse und Haltungen erworben werden können.

4. Regelmäßig angemessene Rückmeldungen zu den Leistungen.

konzepte zur emotionalen Bildung abzielen sollten, sind auf den vorangegangenen Seiten näher erläutert worden. Goleman bringt dazu in seinem Buch „Emotionale Intelligenz" eine Reihe von Entwürfen vor. Einer der hilfreichsten stammt von Peter Salovey, einem Psychologen aus Yale. Er stellt eine aus fünf Bereichen bestehende Liste der emotionalen Kompetenz auf, die Howard Gardners Theorie der interpersonalen und intrapersonalen Intelligenz miteinschließt:

1. Die eigenen Emotionen kennen:
Selbstbewusstsein – ein Gefühl wahrnehmen, sobald es auftritt; Gefühle laufend verfolgen.

2. Mit Gefühlen umgehen:
Emotionale Kompetenz – mit Gefühlen fertig werden; die Fähigkeit, sich möglichst schnell von Erregungszuständen und Kummer zu erholen.

3. Selbstmotivation:
Emotionen in den Dienst eines Ziels stellen – Selbstkontrolle und Selbstdisziplin; die Befriedigung eines Bedürfnisses aufschieben, Impulsivität unterdrücken.

4. Gefühle anderer erkennen:
Empathie – die Fähigkeit, wahrzunehmen, zu erkennen und zu fühlen, was andere fühlen.

5. Mit Beziehungen umgehen:
die Fähigkeit, mit den Gefühlen anderer umzugehen; soziale Kompetenz; Führungsqualitäten.

Um eine größtmögliche Effizienz zu gewährleisten, sollten Inhalte und Konzepte zur emotionalen Erziehung laufend in den Lehrplan eingebaut und den verschiedenen Altersstufen angepasst werden. Die Kinder sollten viele Gelegenheiten erhalten, ihre Fähigkeiten in der Praxis zu erproben. Dies kann durch eine Verbindung der auf das soziale Lernen ausgerichteten Aktivitäten mit sich spontan ergebenden Situationen des Schulalltags geschehen.

Werden Lektionen zur Schulung emotionaler Kompetenz oft genug wiederholt, gehen sie in das Repertoire der Kinder über und helfen ihnen, sich in Stresssituationen zu bewähren.

▶ Den EQ in das Curriculum einbauen

Einige Lehrer halten es möglicherweise für unnötig, dem Curriculum neue Inhalte hinzuzufügen. In den meisten Fällen sind die Grenzen ihrer zeitlichen Belastbarkeit bereits erreicht oder überschritten. Dies muss aber kein unüberwindliches Hindernis für die emotionale Erziehung bedeuten. Gefühle spielen bei allem eine Rolle, was Kinder tun, und so können sie auch Teil all dessen sein, was die Kinder im normalen Unterricht lernen müssen.

Wenn wir Lektionen zur emotionalen Intelligenz in herkömmliche Schulfächer einbauen, helfen wir den Schülern, eine Verbindung zwischen akademischem Wissen und Lebenserfahrung herzustellen. Wir ermutigen sie, die vielfältigen Funktionsweisen des Verstandes zu nutzen und in Sinnzusammenhängen zu lernen. Dieser Ansatz passt auch in das Konzept des fächerübergreifenden Unterrichts.

Wenn ein Curriculum dagegen den traditionell straff und eng definierten Fächern verhaftet bleibt und ihm der emotionale Inhalt fehlt, wird der Stoff auf Grund seiner Abstraktheit und Bedeutungslosigkeit für die Schüler kaum lebendig. In einer ständig komplexer werdenden Welt erschwert ein solcher Ansatz es den Kindern ungemein, das häppchenweise Gelernte zu integrieren und in der Realität anzuwenden.

Indem Lehrer aber auf Zusammenhänge hinweisen und die richtigen Fragen stellen, indem sie beobachten und nonverbale Signale wahrnehmen, können sie in jeder Unterrichtsstunde Gefühle thematisieren. Ebenso können sie Krisensituationen nutzen und sie zum Ausgangspunkt für Lektionen zur emotionalen Erziehung machen.

▶ Die Rolle des Initiators

Lehrer und Erzieher, die von sich aus Lektionen zur Förderung der emotionalen Intelligenz anstreben, werden kaum zusätzliche Ermutigungen brauchen, sich auf die Gefühle der Kinder einzulassen. Wenn auch Sie dazu gehören, ist dies hervorragend! Ist es Ihnen dagegen unangenehm, über Gefühle zu sprechen, sollten Sie die Hilfe eines Supervisors in Erwägung ziehen. Die traditionelle pädagogische Ausbildung bereitet nur schlecht auf diese Rolle vor. Fangen Sie also langsam an, und konzentrieren Sie sich darauf, in Ihre Aufgabe als Initiator des Emotionstrainings hineinzuwachsen. Hier sind einige Vorschläge:

1. Überdenken Sie traditionelle Einstellungen zur Disziplin (und helfen Sie Kollegen und Eltern das Gleiche zu tun). Ersetzen Sie Bestrafung durch andere Formen der Rückmeldung, indem Sie Fehlverhalten, Verstimmungen und Auseinandersetzungen als Gelegenheit nutzen, den Kindern Möglichkeiten der Impulskontrolle, des Konfliktmanagements, des Perspektivenwechsels und der bewussten Wahrnehmung von Gefühlen zu vermitteln.

2. Treffen Sie ein Abkommen mit einem Supervisor. Laden Sie ihn dazu ein, die Klasse zu besuchen und Aktivitäten zur emotionalen Erziehung durchzuführen.

3. Planen Sie besondere Stunden ein, um Fragen und Probleme zu behandeln, die die Schüler zur Diskussion vorschlagen. Gestalten Sie einen „Briefkasten für Gefühle", und bringen Sie ihn in Ihrer Klasse an. Ermutigen Sie die Kinder, Fragen und Probleme zu formulieren und dort einzuwerfen.

4. Erkennen Sie die individuellen Lernstile der einzelnen Schüler, und ermöglichen Sie ihnen Lern- und Leistungserfolge auf persönlichen Interessen- und Wissensgebieten.

©Verlag an der Ruhr
Postfach 10 22 51
45422 Mülheim an der Ruhr
www.verlagruhr.de

Soziales *Lernen*
in der
Grundschule

Die Schüler erhalten damit die Möglichkeit, sich einer selbstgewählten Aufgabe oder einem Projekt voll und ganz zu widmen und darin aufzugehen.
Diesen Zustand selbstvergessener Konzentriertheit bezeichnet man in der Psychologie als „Flow". Es ist ein Zustand der Hingabe an eine packende Aufgabe, die uns das Drumherum völlig vergessen lässt. Ein solches Phänomen kann man besonders bei spielenden Kindern beobachten, die, in ihr Spiel versunken, die Zeit völlig vergessen.

Bezogen auf Gardners Theorie der multiplen Intelligenz, die die Unterschiedlichkeit der einzelnen Lernstile und -typen verdeutlicht, bedeutet der Zustand des „Flow" das Aufgehen der Schüler in einer Aufgabe, die auf ihren Lerntypus sowie ihre Interessen und Talente ganz abgestimmt ist.
So kann erreicht werden, dass Schüler an für sie bedeutsamen Prozessen teilhaben und ihre Kompetenzen, Lernstile und Talente zielgerichtet nutzen.
Den Lehrern und Erziehern kommt dabei die Aufgabe zu, die Stärken der Kinder aufzugreifen und sie an Punkten, an denen Schwächen auftauchen, zu unterstützen.

Goleman argumentiert: „Während des Lernens den Zustand des ‚Flow' anzustreben, ist eine humanere, natürlichere und sehr wahrscheinlich effektivere Art, Emotionen in den Dienst der Erziehung zu stellen."

5. Nutzen Sie die Kooperation fördernden Lernprinzipien und Methoden.
Kooperatives Lernen optimiert den Erwerb sachbezogener Kenntnisse. Zugleich können Fähigkeiten und Kompetenzen entwickelt werden, die über das hinaus gehen, was das Lernen „im stillen Kämmerchen" bietet. Kooperation und Zusammenarbeit bedeuten, dass mehr Informationen erschlossen, erstellt, geteilt und angewandt werden. Und die Tatsache, dass die Schüler selbst die

Informationen erstellen und zusammen mit ihren Klassenkameraden Lösungen finden, führt zur Entwicklung vieler interpersonaler und sozialer Fähigkeiten.

Durch die Teilnahme an Gruppenaktivitäten sammeln Kinder und Jugendliche wichtige Erfahrungen zur Gruppendynamik und entwickeln äußerst wertvolle Kommunikationsfähigkeiten. Während sie Inhalte aufnehmen, erlernen sie gleichzeitig auch verschiedene Werte und Fähigkeiten wie Vertrauensbildung, Zuhören, Respekt gegenüber anderen Meinungen und die Artikulation von Gedanken; außerdem die Fähigkeit, zu planen, Entscheidungen zu treffen, Arbeit zu teilen, Probleme zu lösen und Kompromisse zu schließen, sowie den Umgang mit Konflikten, die Lösung von Konflikten und das gemeinsame Feiern von Erfolgen, um nur einige der Kompetenzen zu nennen.

6. Zusätzlich zu den geplanten Aktivitäten zur emotionalen Erziehung, die in diesem Buch vorgestellt werden, sollten Sie gegenüber spontanen, sich täglich ergebenden Gelegenheiten zum emotionalen Lernen aufgeschlossen sein. Hier einige Beispiele:

- Stellen Sie ein Modell des Klassenraums mit Spielfiguren für jeden Schüler und den Lehrer auf. Die Kinder dürfen dann die Figuren zu Paaren oder Gruppen zusammenstellen, um zu zeigen, wer mit wem zusammen spielt oder arbeitet; wo im Raum Schüler allein arbeiten möchten, wer eng befreundet ist und um antagonistische Beziehungen darzustellen. Stellen Sie mit Hilfe des gleichen Materials auch Konflikte nach, die in der Klasse aufgetreten sind.

- Besorgen Sie einen Film, in dem verschiedene Emotionen mimisch oder gestisch dargestellt werden. Ist dies nicht möglich, sammeln Sie Fotos aus Illustrierten oder benutzen sie „Mimik-

Würfel" (Würfel mit Gesichtern, die Emotionen ausdrücken). Lassen Sie dann die Kinder anhand der nonverbalen Hinweise Emotionen erkennen. Ermutigen Sie sie auch dazu, diese Emotionen selbst darzustellen und nachzuspielen.

- Helfen Sie den Kindern, ihre Fähigkeiten zum Ausgleich von Hochs und Tiefs im Leben zu stärken. Wenn ein Kind Anzeichen einer beginnenden Depression zeigt, sollten Sie professionelle Hilfe anfordern. Verstimmungen können jedoch auch ohne Hilfe von außen aufgefangen werden.
Kinder, die zu Depressionen neigen, glauben, dass ihnen vermeintlich schlimme Dinge (z.B. eine schlechte Note) wegen inhärenter Fehler zustoßen („Ich bin dumm") und dass sie nichts gegen diese Umstände unternehmen können. In ihrer Persönlichkeit gefestigte Kinder suchen dagegen nach Lösungsmöglichkeiten, wie z.B. der, sich mehr Zeit zum Üben zu nehmen.

- Beraten Sie die Kinder, auf welche Weise sie Wut kontrollieren können. Möglichkeiten dazu sind:

— *Gedanken ändern, die Wut hervorrufen; die Situation durch eine andere (weniger provokative) Sicht neu beurteilen. Oft muss dazu die Perspektive des anderen eingenommen werden. „Vielleicht hat Susanne einen schlechten Tag." „Möglicherweise fühlt Jonas sich nicht besonders gut."*

— *Veränderte Gedanken bringen neue Gefühle hervor, die die Wut vertreiben.*

— *Entspannen durch aktive oder zerstreuende Übungen.*

— *Wutgedanken aufschreiben, sich dann mit ihnen auseinandersetzen und sie anschließend neu prüfen.*

— *Gefühle, die der Wut vorausgehen, erkennen und ausdrücken. Wut ist oft eine sekundäre Emotion, die infolge anderer Gefühle, wie Frustration, Angst oder Erniedrigung ausbricht.*

— *Gefühlen und körperlichen Empfindungen nachspüren, die mit dem Auftreten der Wut erfahren werden. Lernen, diese Empfindungen als Stoppsignale zu nutzen, um zu überlegen, was passiert und was zu tun ist.*

©Verlag an der Ruhr
Postfach 10 22 51
45422 Mülheim an der Ruhr
www.verlagruhr.de

Soziales *Lernen*
in der
Grundschule

Die Bedeutung des EQ für Erzieher und Organisationen

Denken Sie einmal selbst über Ihre Funktion als Vorbild für emotionales, kompetentes Verhalten nach. Schließlich haben auch Lehrer Gefühle.

Fast jede Organisation, ob sie nun der Erziehung oder anderen Zielen dient, birgt unter der Oberfläche eines höflichen Umgangs eine starke Strömung der versteckten Gefühle. Während wir nach außen ruhig und vernünftig erscheinen, sind wir innerlich von Gefühlen aufgewühlt: Ressentiments, Eifersucht, Liebe, Furcht, Schuld, Abscheu, Fürsorge, Stolz, Frustration, Verwirrung und Freude sind einige davon.

Wir vergeuden ungezählte Zeit und Energie, indem wir uns vor Menschen schützen, denen wir nicht trauen, Problemen ausweichen, die wir uns nicht anzuschneiden trauen, uns vor der Erfüllung bestimmter Aufgaben drücken, behaupten, Entscheidungen zu akzeptieren, mit denen wir nicht einverstanden sind, Arbeiten und Aufgaben übernehmen, die wir nicht wollen und unsere Meinungen und Kenntnisse verschweigen. Was für eine Verschwendung! Emotionen können helfen, Probleme zu lösen – wir müssen sie nur dazu nutzen.

Emotionale Energie, positiv wie negativ, treibt uns zum Handeln. Emotionen sind Quelle der Leidenschaft, Motivation und des Engagements, die unser Handeln bestimmen. Wenn wir unsere Gefühle und Ansichten den anderen mitteilen, erfahren wir die Arbeit und die beruflichen Beziehungen als lebendiger und bedeutender. Wir bewegen uns schneller in Richtung Ziel.

Wir müssen uns daher bemühen, Schulen zu schaffen, in denen Gefühle wahrgenommen werden, sich die Kommunikation frei entfalten kann und Konflikte produktiv gehandhabt werden. Schulen, in denen wir Beschwerden offen darlegen können, weil wir wissen, dass sie als konstruktiv verstanden werden. Schulen, in denen Verschiedenartigkeit geschätzt und gefördert und Zusammengehörigkeit und gegenseitige Akzeptanz auf vielen Ebenen erfahren wird.

Die Zukunft gehört denjenigen Kindern, die ihren EQ zusammen mit dem IQ entwickeln, und Schulgemeinschaften, deren Mitglieder den Mut besitzen, sich im Klassenraum, im Aufenthaltsraum, auf dem Schulhof und Sportplatz menschlich zu verhalten.

Wenn es uns gelingt, Vorbilder in emotionaler Intelligenz zu sein, werden wir die stärkste Lehrmethode anwenden, die es gibt.

Die EQ-Super-Methode: der Gesprächskreis

Damit die **„50 Übungen, Aktivitäten und Spiele"** zum Thema **„Soziales Lernen in der Grundschule"** ihren Zweck erreichen, haben wir sie an erprobte didaktische Methoden geknüpft. So umfassen die Aktivitäten Simulationen, Rollenspiele, Arbeitsblätter, die von den Schülern in Einzelarbeit ausgefüllt werden, und eine Reihe kleiner und großer Gruppen-Aktivitäten und Diskussionen.

Zu den intensivsten und vielseitigsten Unterrichtsmethoden zählt jedoch der Gesprächskreis. Zu jedem Kapitel gehören daher zwei vollständig ausgearbeitete Anleitungen für Gesprächskreise und eine Liste mit zusätzlichen Themenvorschlägen für weitere Gesprächskreise, die zum Thema des jeweiligen Kapitels passen. Auf den ersten Blick erscheint der Gesprächskreis – eine Diskussionsrunde in der (Klein-)gruppe – sehr simpel zu sein. Er ist es nicht. Wird er richtig durchgeführt, ist der Gesprächskreis ein ungewöhnlich effektives Werkzeug zur Entwicklung von Selbstbewusstsein. Er stärkt die Fähigkeit, Gefühle zu verstehen und mit ihnen umzugehen, und hilft beim Aufbau eines Selbstbildes, fördert persönliches Verantwortungsbewusstsein, Mitgefühl, Kommunikationsfähigkeit und soziale Kompetenz.

Der Gesprächskreis ermöglicht außerdem, emotionales Lernen regelmäßig ohne viel Aufwand in den Unterricht einzubauen. Er erfüllt die vier Lernbedingungen, die die Experten auf dem Gebiet Erziehung und Intelligenzforschung Joan Caulfield und Wayne Jennings (vgl. S. 26) vorschlagen.

Erstens vermittelt der Gesprächskreis jedem Kind Sicherheit, Geborgenheit, Zuneigung und Unterstützung.

Zweitens hebt sich der Gesprächskreis durch seine Struktur und seinen Ablauf deutlich von traditionellen Unterrichts- und Lernmethoden ab. Die Themen wirken herausfordernd und regen zur Selbstbefragung an. Die vertraute, zugleich aber gegenseitigen Respekt fordernde Atmosphäre führt mit der Zeit dazu, dass intrapersonale Abwehrhaltungen und interpersonale Barrieren abgebaut werden und sich eine neue Ebene der Geschlossenheit und Kreativität innerhalb der Gruppe entwickelt.

Drittens beziehen sich die Gesprächsthemen auf Erfahrungen und Begebenheiten, die aus dem Leben gegriffen sind, und somit auch auf die gesamte Palette der damit verbundenen Gefühle. Schließlich stellt die Unmittelbarkeit des Gesprächskreises sicher, dass die Beiträge aller Kinder angehört und sofort beantwortet werden. Die Aufmerksamkeit der übrigen Gesprächsteilnehmer bildet zusammen mit ihren verbalen und nonverbalen, ihren emotionalen und kongnitiven Reaktionen eine starke Form der bestätigenden Rückmeldung.

Nehmen Sie sich bitte die Zeit, die folgenden Abschnitte zu lesen, bevor Sie Ihren ersten Gesprächskreis durchführen. Wenn Sie erst einmal mit dem Ablauf vertraut sind, sollten Sie Gesprächskreise regelmäßig und so oft wie möglich in ihren Unterricht einbauen.

©Verlag an der Ruhr
Postfach 10 22 51
45422 Mülheim an der Ruhr
www.verlagruhr.de

Soziales *Lernen*
in der
Grundschule

Der Gesprächskreis im Überblick

Seit sich der Gesprächskreis als Methode etabliert hat, haben sich Lehrer und Erzieher weltweit davon überzeugen können, welchen enorm starken Beitrag diese Unterrichtsmethode zur Entwicklung der emotionalen Intelligenz leistet. Um die Vorteile dieses Prozesses voll ausschöpfen zu können, sollten Sie jedoch ein paar Dinge wissen.

1. Die Ausarbeitung des jeweiligen Gesprächsthemas ist als Hilfe gedacht. Die Formulierungen brauchen daher nicht wortwörtlich vorgelesen zu werden. Wenn Sie eine Zeit lang mit Gesprächskreisen gearbeitet haben und sich mit dem Ablauf vertraut fühlen, werden Sie sicherlich eigene einleitende Worte vorziehen. Wir liefern Ihnen nur die Ideen.

Wählen Sie in Ihren eigenen Ausarbeitungen eine Sprache und Beispiele, die dem Alter, den Fähigkeiten und unter Umständen auch der Kultur Ihrer Schüler angemessen ist. Wir haben versucht, unsere Beispiele so allgemein wie möglich zu halten. Vielleicht gibt es für Ihre Klasse aber treffendere Beispiele.

2. Wir bitten Sie ausdrücklich, die Zusammengehörigkeit von Mitteilungs- und Diskussionsphase des Gesprächskreises zu beachten. Diese beiden Phasen unterscheiden sich zwar in Ablauf und Eigenschaft; dennoch sind beide gleich wichtig, um Bewusstsein, Einsicht und die Fähigkeit zu vertieftem Nachdenken bei den Kindern zu fördern. Je länger Sie mit Gesprächskreisen arbeiten, desto deutlicher werden Sie erkennen, dass es didaktisch von Vorteil ist, diese einzigartige Verbindung bestehen zu lassen.

Bei allen Gesprächsgegenständen ist beabsichtigt, das Bewusstsein und die Einsicht in die Thematik durch den freiwilligen Erfahrungs- und Gedankenaustausch zu entwickeln. Die Schlussreflexion erlaubt den Kindern, die tiefere Bedeutung des Mitgeteilten zu verstehen,

Ideen und Gedanken abzuwägen, die im Gespräch über das Thema aufgetaucht sind, und bestimmte Konzepte auf andere Lernbereiche zu übertragen.

Wenn wir Kinder auf ein glückliches, selbstverantwortliches Leben hinführen und sie zum effektiven Umgang mit anderen befähigen wollen, wenn sie lernen sollen, die Gefühle anderer zu verstehen und geschickt darauf zu reagieren, dann müssen wir ihnen zuerst beibringen, sich ihrer selbst und der eigenen Gefühle bewusst zu werden.

Sie müssen wissen, wer sie sind, was sie fühlen, wie sie agieren bzw. reagieren und welche Beziehung sie zu anderen haben.

Bei regelmäßiger Anwendung bieten Prozess und Inhalt (Gesprächsgegenstand) des Gesprächskreises zusammen den Schülern zahlreiche Gelegenheiten, sich ihrer Stärken, Fähigkeiten und positiven Eigenschaften deutlicher bewusst zu werden. Im Gesprächskreis wird den Kindern zugehört, wenn sie ihre Gefühle und Gedanken äußern. Sie selbst lernen ebenfalls, anderen zuzuhören. Der Gesprächskreis bildet den Rahmen, innerhalb dessen ernsthafte Aufmerksamkeit und Akzeptanz auf einer beständigen Basis gegeben und empfangen werden.

Die Schüler können grundsätzliche Gemeinsamkeiten und auch individuelle Unterschiede zwischen den Menschen erkennen, indem sie ihre Erfahrungen und Gefühle in einer ihnen vertrauten Umgebung austauschen. Dieses Verständnis trägt zur Entwicklung der Selbstachtung bei. Auf der Grundlage der Selbstachtung entwickeln die Kinder dann auch Verständnis und Respekt anderen gegenüber.

Der Gesprächskreis als didaktische Methode zielt auf die Entwicklungsförderung von Kindern jeder Altersgruppe ab. Zu den Zielbereichen der Entwicklung gehören Kommunikationsfähigkeit, Selbstbewusstsein, Ich-Kompetenz sowie interpersonale Fähigkeiten. Wenn die Kinder sich an die Regeln halten und im Gesprächskreis verbal aufeinander eingehen, üben sie mündliche Kommu-

©Verlag an der Ruhr
Postfach 10 22 51
45422 Mülheim an der Ruhr
www.verlagruhr.de

Soziales *Lernen*
in der
Grundschule

nikation und lernen, zuzuhören. Durch die Einsichten, die sie im Verlauf des Nachdenkens und der Diskussion über verschiedene Themen gewinnen, erhalten die Schüler Gelegenheit, ihr Selbstbewusstsein zu entwickeln und sich selbstsicherer und -beherrschter zu fühlen: Sie können ihre Gefühle, ihre Gedanken und ihr Verhalten besser kontrollieren. Durch die positive Erfahrung von Geben und Nehmen lernen sie mehr über effektives Sozialverhalten.

◗ Der Wert des Zuhörens

Wir merken oft nicht, dass wir die persönliche Entwicklung der Schüler durch bloßes Zuhören enorm erleichtern können. Wir brauchen gar keine Diagnosen abzugeben oder Untersuchungen anzustellen, damit Kinder auf ihre Bedürfnisse aufmerksam werden. Sie können mit Hilfe der eigenen Informationen und Erfahrungen wichtige Erkenntnisse gewinnen. Denn Kinder, denen zugehört wird, entwickeln Vertrauen in die Fähigkeit, auf ihr eigenes Leben positiv einwirken zu können. Zuhören ist sicherlich das Förderungsmittel mit der größten Langzeitwirkung.

Aktives Zuhören ist eine nicht zu ersetzende Hilfe, wenn ein Kind Probleme hat oder sein emotionaler Zustand klar darauf hinweist, dass es etwas ärgert oder bedrückt.

Der Gesprächskreis bietet den Kindern Gelegenheit, zu sprechen, während die anderen aktiv zuhören. Im Austausch mit den anderen gewinnen sie an Selbsterkenntnis. Wenn die Kinder erkennen, dass wir sie nicht ändern wollen und sie frei sprechen dürfen, ohne Angst haben zu müssen, dass mit ihnen etwas nicht stimmt, fällt es ihnen leichter, sich selbst kennen zu lernen und nach Bereichen zu suchen, in denen sie ihr Leben verbessern können.
Schon allein durch den stetigen Prozess des Sich-Mitteilen-Dürfens in geborgener Umgebung entwickeln die Kinder die Fähigkeit, ihre Gefühle und Gedanken zu klären. Sie werden ermutigt, tiefer vorzudringen, ihre eigene Richtung zu finden. Sie werden ebenfalls ermutigt, starke Gefühle, die sonst möglicherweise ihr Wohlbefinden und ihre Entwicklung beeinträchtigen könnten, zum Ausdruck zu bringen und sich ihnen zu stellen. Worauf es beim sozialen Lernen ankommt, ist, Kinder in die Lage zu versetzen, ihre Probleme selber zu lösen, Selbstbewusstsein zu entwickeln und Fähigkeiten zu erwerben, die sie zu verantwortlichen und mündigen Mitgliedern der Gesellschaft machen. Das erreicht man durch aktives Zuhören und gegenseitige Akzeptanz.

◗ Bewusstsein

Worte sind eines der Mittel, den Gefühlen in uns Ausdruck zu verleihen. Durch Worte können wir unsere Gedanken und unser Verhalten beschreiben und reflektieren. Letztlich sind es aber Gefühle, die Menschen dazu bringen, Bindungen einzugehen, Rache zu üben, Kriege zu führen, große Kunstwerke zu schaffen oder ihr Leben in den Dienst anderer zu stellen. Gefühle sind lebenswichtig und zwingend.

Damit Kinder mit ihren Emotionen umgehen können, müssen sie diese zuerst einmal kennen lernen. Um aber ihre Gefühle zu kennen, müssen sie zuerst lernen, sie mit Worten zu beschreiben. Wenn für ein bestimmtes Gefühl Ausdrucksmöglichkeiten gefunden wurden, beginnt der Verstand schon bald, Ideen und Vorstellungen zu assoziieren, die mit diesem Gefühl verbunden sind.
So kann er unterschiedliche Möglichkeiten des Umgangs mit dem Gefühl zur Verfügung stellen. Hierfür ein Beispiel: „Ich bin wütend und muss aus dieser Situation heraus, um mich zu beruhigen."

Durch Üben wird der Verstand in der Herstellung solcher Verknüpfungen immer geschickter. Sobald ein bekanntes Gefühl entsteht, werden im Gehirn alternative Reaktionen abgerufen. Wenn Kinder üben, diese Reaktionsreihe auf verschiedene Gefühle anzuwenden, finden sie Ausdrucksmöglichkeiten und erlangen damit ein Bewusstsein für das, was emotional und physisch mit ihnen passiert.

©Verlag an der Ruhr
Postfach 10 22 51
45422 Mülheim an der Ruhr
www.verlagruhr.de

Soziales *Lernen*
in der
Grundschule

Umgekehrt ermöglicht dieses Bewusstsein die Fähigkeit, vor und während des Handelns zu denken. Die Fähigkeit, seine Gefühle zu erkennen und angemessen und verantwortlich damit umzugehen, ist ein Zeichen hoher emotionaler Intelligenz. Je geringer der EQ eines Kindes entwickelt ist, desto häufiger bestimmen emotionale Überfälle sein Verhalten.

Die Fähigkeiten, Gefühle in Worte zu fassen, diese Worte zu verstehen, ein internes Repertoire an Reaktionsmöglichkeiten zu koordinieren und die geeignete Reaktion auszuwählen, kennzeichnen verantwortliches Handeln.

Als Reaktion auf ein Gefühl deutet dieser Ablauf auf einen hohen Grad an Selbstbewusstsein und emotionaler Intelligenz hin.

Im Gesprächskreis lernen die Schüler in einer Atmosphäre der Geborgenheit, die eigenen Erfahrungen zu äußern und anderen zuzuhören. Sie werden behutsam und Stück für Stück dazu veranlasst, tiefer in das eigene Innere vorzudringen und wachsendes Verständnis für andere aufzubringen.

Während dieses gegenseitigen Austauschs lernen sie, dass Gefühle, Gedanken und Verhaltensweisen Wirklichkeiten sind, die jeder erfährt. Sie entdecken, dass andere wie sie selbst Erfolg haben oder scheitern können. Außerdem beginnen sie, alle Menschen als einzigartig anzusehen, und begreifen, dass sie selbst auch einzigartig sind.

Aus diesem Verständnis heraus fühlen sich die Schüler zunehmend mit anderen verbunden. Sie entwickeln Empathie und Verantwortungsgefühl in dem Maße, in dem Bedürfnisse, Probleme, Werte und Vorlieben anderer in ihr Bewusstsein eindringen.

▶ Ich-Kompetenz

Ich-Kompetenz kann als Selbstvertrauen in Verbindung mit Verantwortungskompetenz definiert werden. Selbstvertrauen ist der Glaube an sich selbst als fähiges menschliches Wesen. Verantwortungskompetenz ist dagegen die Bereitschaft, Verantwortung für das eigene Handeln zu übernehmen, verbunden mit der Fähigkeit, zwischenmenschliche Beziehungen einzugehen.

In den Gesprächskreisen werden die Schüler ermutigt, sich über ihre Erfolge auszutauschen und positive Stellungnahmen zu ihren Bemühungen anzuhören, und können auf diese Weise ihre Ich-Kompetenz weiter ausbauen. Viele Gesprächsthemen öffnen das Bewusstsein der Schüler für ihre Fähigkeiten und die Fähigkeiten anderer. Scheitern oder Fehlschläge sind Realitäten, die ebenfalls betrachtet werden. Es geht jedoch nicht hauptsächlich darum, die Kinder an ihre Fehlschläge zu erinnern. Vielmehr befähigen solche Gesprächsthemen die Kinder, zu erkennen, dass Misserfolge allgemeine und unvermeidliche Erfahrungen darstellen, die jeder Mensch, der sich Ziele gesetzt hat, zwangsläufig macht.

In den Gesprächskreisen geht es oft um zwischenmenschliche Kompetenzen, wie z.B. die Fähigkeit, andere mit einzubeziehen, Verantwortung zu übernehmen und zu teilen, Hilfe anzubieten, Probleme oder Konflikte zu lösen u.a.

Solche Themen stärken das Bewusstsein für zwischenmenschliche Beziehungen und ermutigen die Kinder, die dazugehörigen Kompetenzen und Fähigkeiten tagtäglich effektiv zu üben. Der erste Schritt, seine Fähigkeiten auszubauen, besteht darin, sich ihrer bewusst zu werden.

Der Gesprächskreis ist besonders geeignet, den Schülern dabei zu helfen, ihre eigenen Fähigkeiten zu erkennen und zu würdigen.

Ein besonders wichtiges Element der Ich-Kompetenz ist die Eigenverantwortung. Dadurch, dass in der Regel die positiven Verhaltensweisen und Leistungen der Schüler im Mittelpunkt der Auseinandersetzung stehen, werden sie sich der internen und externen positiven Bestätigung bewusst, die verantwortliches Verhalten meist mit sich bringt.

Der Gesprächskreis ist eine wunderbare Lehrmethode für Kooperation. Das Konzept des Gesprächskreises versucht so gerecht wie möglich, die Bedürfnisse aller Teilnehmer zu berücksichtigen. Die Gefühle jedes Kindes werden akzeptiert. Es wird nicht verglichen oder bewertet. Der Kreis ist keine Wettkampf-

©Verlag an der Ruhr
Postfach 10 22 51
45422 Mülheim an der Ruhr
www.verlagruhr.de

Soziales *Lernen*
in der
Grundschule

arena, sondern wird vom Zusammengehörigkeitsgefühl getragen. Wenn die Schüler den fairen, respektvollen Umgang miteinander üben, werden sie von dieser Erfahrung profitieren und verantwortliches Verhalten auch auf andere Lebenssituationen übertragen können.

▶ Interpersonale Fähigkeiten

Intakte Beziehungen zu anderen aufzubauen, stellt eine Herausforderung an uns alle dar. Menschen mit einem ausgereiften Sozialverhalten sind dazu in der Lage.
Sie verstehen es flexibel, geschickt und verantwortlich zu interagieren. Zugleich erkennen sie ihre eigenen Bedürfnisse und wahren die eigene Integrität. Sozial kompetente Menschen können sowohl die verbalen als auch die nonverbalen Botschaften anderer verarbeiten.
Sie sind sich der Tatsache bewusst, dass alle Menschen aufeinander einwirken.
Sie wissen auch, auf welche Weise sie durch Mitmenschen beeinflusst werden, und kennen die Auswirkungen ihres eigenen Handelns.

Innerhalb des Gesprächskreises soll der Lehrer oder Berater in seiner Rolle als Gesprächsleiter selbst angemessenes, verantwortliches Verhalten demonstrieren. Die Regeln verlangen aber, dass auch die Schüler in positiver und angemessener Weise miteinander umgehen. Im Gesprächskreis werden die positiven Eigenschaften, die jeder besitzt, zum Vorschein gebracht und bestätigt. Er erlaubt den Schülern, effektive Kommunikationsmethoden zu trainieren. Denn Gesprächskreise sind ein Ort, an dem den Teilnehmern zugehört wird und ihre Gefühle akzeptiert werden. Dort lernen die Kinder, wie sie im Umgang mit Gleichaltrigen und Erwachsenen soziale Kompetenz auch außerhalb des Kreises unter Beweis stellen können.

Einer der großen Vorteile dieser Methode besteht darin, dass die jungen Menschen dort nicht nur passiv etwas über soziale Interaktion lernen, sondern sie miteinander erproben.

Jeder Gesprächskreis ist eine reale Lebenssituation, in der die Schüler sich mitteilen, zuhören, erkunden, planen, träumen und gemeinsam Probleme lösen.
Indem die Schüler interagieren, erfahren sie etwas voneinander und lernen, was es heißt, aufeinander einzugehen. In jedem Gesprächskreis können die Teilnehmer viele positive Einsichten gewinnen. Stufe um Stufe wird internalisiert, was effektives Verhalten in der Beziehung zu anderen wirklich ausmacht.

Durch den regelmäßigen Austausch von Erfahrungen lernen die Kinder, dass Verhalten positiv oder negativ und manchmal beides zugleich sein kann. Auch die Folgen können konstruktiv, destruktiv oder beides sein. Verschiedene Menschen reagieren auf das gleiche Ereignis unterschiedlich. Sie haben unterschiedliche Gedanken und Gefühle. Die Kinder beginnen zu verstehen, warum etwas passiert. Sie begreifen das Konzept von Ursache und Folge, wenn sie ihre Einwirkung auf andere und die Einwirkung anderer auf sie selbst wahrnehmen.

Kinder, die in der Lage sind, in sozialer Interaktion genau zu interpretieren und zu reagieren, schätzen ihre Haltung sich selbst und anderen gegenüber klar ein.
Sie können sagen, welches Verhalten in welcher Situation angemessen ist. Gesprächskreise sind ein ausgezeichnetes Testfeld, innerhalb dessen die Kinder sich selbst und andere als Handelnde beobachten können.
Auf diese Weise erkennen sie, dass auch sie dazu beitragen, wenn sich andere gut oder schlecht fühlen.
Die Schüler erfahren, dass verantwortliches Verhalten anderen gegenüber ein gutes Gefühl erzeugt und die wertvollste und persönlich lohnendste Form der Interaktion darstellt.

©Verlag an der Ruhr
Postfach 10 22 51
45422 Mülheim an der Ruhr
www.verlagruhr.de

Soziales *Lernen*
in der
Grundschule

Organisation der Gesprächskreise

▶ Teilnehmerzahl und Zusammensetzung

Im Mittelpunkt der Gesprächskreise stehen die Beiträge der einzelnen Kinder, die sich ohne Zeitdruck äußern dürfen. Aus diesem Grund sollten die Gruppen nach Möglichkeit relativ klein gehalten werden – 10 bis 15 Kinder pro Gruppe sind optimal. Es sind jedoch auch durchaus größere Gruppen von 20 und mehr Kindern vorstellbar, wenn das Thema und der Zeitplan es erlauben.

Schüler der höheren Grundschulklassen sind schon zu ausführlichen Formulierungen in der Lage. Ermutigen Sie sie dazu und hetzen Sie sie nicht, weil die Zeit drängt. Manchmal sind alle Teilnehmer sehr zurückhaltend. Bringen Sie in diesem Fall ein oder zwei gesprächsbereite Kinder in den Kreis, die die Diskussion beleben.
Je nach gewähltem Gesprächsthema kann es von Vorteil sein, wenn die Zusammensetzung der Gruppe möglichst heterogen ist (z.B. in Bezug auf das Geschlecht, die Interessen, das Alter o.Ä.). Dieses ist aber nicht zwingend notwendig.
Aus praktischen Gründen muss die Gruppenzusammensetzung manchmal geändert werden. Im Allgemeinen sollte dies jedoch so selten wie möglich geschehen, da sonst die vertraute Atmosphäre darunter leidet.

▶ Ort und Dauer der Gesprächskreise

Die meisten Sitzungen dauern etwa 20 bis 30 Minuten. Am Anfang haben die Kinder oft noch Hemmungen, sich offen zu äußern, weil das gegenseitige Vertrauen noch fehlt. Planen Sie deshalb für Ihre erste Sitzung nicht mehr als 10 bis 15 Minuten ein. Im Allgemeinen zeigen die Kinder mit zunehmender Erfahrung immer größere Gesprächsbereitschaft. In den höheren Klassen können die Gesprächskreise zu jeder beliebigen Zeit durchgeführt werden. Wenn Sie jedoch die Stunde mit einem Gesprächskreis beginnen, haben Sie für den Fall, dass das Thema die Kinder stark fesselt, genügend zusätzliche Zeit übrig.
Beginnen Sie dagegen erst im Verlauf einer Unterrichtsstunde mit einem Gesprächskreis, müssen Sie den Kindern ihre Verantwortung für den Ablauf und die Einhaltung des Zeitlimits bewusst machen.

Im ersten und zweiten Schuljahr eignet sich jeder beliebige Zeitpunkt im Verlauf des Vormittags für die Durchführung von Gesprächskreisen. Manche Lehrer stimmen die Kinder gerne auf den Schultag ein, indem sie mit Gesprächskreisen beginnen. Andere sind der Ansicht, dass sie sich bestens zum Abschluss des Vormittags eignen und sie so die Kinder mit positiven Gefühlen entlassen können.

Gesprächskreise können überall dort durchgeführt werden, wo die Kinder sich im Kreis zusammensetzen können und nicht zu sehr durch äußere Einflüsse abgelenkt werden. Die meisten Lehrer lassen die Kinder lieber auf Stühlen als auf dem Boden sitzen. So behindern sie sich nicht gegenseitig. Manche halten die Gesprächskreise auch in geschützten Winkeln im Freien ab, wie etwa auf einer kleinen Wiese.

▶ Wie fange ich an?

Lehrer und Erzieher haben viele Vorgehensweisen erprobt, um Kinder mit der Methode des Gesprächskreises vertraut zu machen. Was aber in der einen Gruppe oder bei dem einen Gruppenleiter gut funktioniert, kann in einem anderen Fall ungeeignet sein. Wir schlagen im Folgenden zwei Grundstrategien vor, um in die Arbeit mit Gesprächskreisen einzusteigen, die sich in der Praxis bewährt haben. Ganz gleich, nach welcher Methode Sie vorgehen, empfehlen wir, zu Beginn eine Liste mit den Grundregeln und Abläufen eines Gesprächskreises aufzuhängen, auf die sich dann jeder Teilnehmer beziehen kann.

1. Lassen Sie, falls Sie mit kleineren Gruppen arbeiten, die Gruppen nacheinander anfangen, und nehmen Sie selbst an allen Gesprächskreisen teil. Jedes Kind sollte die Gelegenheit erhalten, in einer störungsfreien Atmosphäre eine Gruppensitzung mitzuerleben. Dies kann unter Umständen die Hilfe einer zweiten Aufsichtsperson erfordern, die sich während einer Gruppensitzung um die übrige Klasse kümmert. Die Kinder, die gerade nicht am Gespräch teilnehmen, können sich aber auch mit Freiarbeit beschäftigen, Arbeitsblätter bearbeiten oder in Kleingruppen an einer gemeinsamen Aufgabe arbeiten. Sie müssen jedoch, auch wenn Sie die Klasse aufteilen, jedem Kind die Teilnahme an einem Gesprächskreis ermöglichen.

Falls Sie vorhaben, mit getrennten Gruppen zu arbeiten, führen Sie im Anschluss eine Reflexion mit der ganzen Klasse über die Methode an sich durch. Erklären Sie, dass Sie sich mit kleineren Gruppen zum Gesprächskreis treffen wollen, während die übrigen Kinder sich selbstständig beschäftigen. Bitten Sie die Schüler, mit Ihnen zusammen ein festes Programm für die Freiarbeit zu planen, an dessen Ablauf sie sich dann halten. Treffen Sie sich im Wechsel mit den einzelnen Gruppen, bis alle einmal an der Reihe waren.

2. Kombinieren Sie auch mal einen inneren und äußeren Kreis. Setzen Sie sich dazu mit einer Gruppe zusammen, während eine zweite Gruppe im äußeren Kreis zuhört und beobachtet. Lassen Sie dann die beiden Gruppen die Plätze tauschen. Die Kinder aus dem äußeren Kreis kommen dann nach innen und äußern sich zum Gesprächsthema.
In einer höheren Klasse können Sie auch eine Doppelstunde für einen Gesprächs-kreis verwenden, wenn eine einzelne Unterrichtsstunde für dieses Vorgehen nicht ausreichen sollte.
Später kann eine dritte Gruppe in den

Kreislauf mit einbezogen werden. Zuletzt können sich zwei oder mehr Gruppen mit allen Kindern der Klasse gleichzeitig treffen. Während die eine Gruppe diskutiert, hören die anderen Gruppen zu und sind Beobachter in einem äußeren Kreis. Laden Sie die Beobachter ein, sich an Rückblick und Schlussreflexion zu beteiligen.

▶ Arbeitsangebote außerhalb des Gesprächskreises

Es gibt eine Reihe von Möglichkeiten, die Kinder zu beschäftigen, die nicht an den Gesprächskreisen teilnehmen.
Hier sind ein paar Ideen dazu:

- Richten Sie den Raum so ein, dass ,private' Bereiche entstehen.
Das können Sitzkreise aus Stühlen oder Kissen (Teppichfliesen) sein, die vom übrigen Arbeitsbereich getrennt sind. Verwenden Sie Regale, Tische oder Stühle als Raumteiler, damit die Gesprächsecke vor Ablenkung geschützt ist.

- Binden Sie Eltern, Berater oder andere Helfer mit ein, die die übrige Klasse betreuen, während Sie einen Gesprächskreis mit einer kleineren Gruppe durchführen.

- Geben Sie den Kindern eine Stillarbeit, die sie zu zweit oder in kleinen Arbeitsgruppen erledigen.

- Einzelne Schüler können helfen oder beraten. Wenn die Stillarbeit sich auf ein bestimmtes inhaltliches Thema bezieht, bestimmen Sie Schüler, die auf diesem Gebiet als ,Experten' auftreten und den anderen Kindern zur Seite stehen.

- Bieten Sie den Kindern genug Anregungen. Schreiben Sie Aufgaben an die Tafel. Stellen Sie ausreichend Material für die Stillarbeit zur Verfügung, damit die Kinder sich nicht aus Mangel an Beschäftigung an Sie wenden müssen oder andere stören.

©Verlag an der Ruhr
Postfach 10 22 51
45422 Mülheim an der Ruhr
www.verlagruhr.de

Soziales *Lernen*
in der
Grundschule

- Gestalten Sie die Arbeit außerhalb des Gesprächskreises attraktiv. Wenn die Schüler sinnvoll beschäftigt sind, werden sie kaum den Gesprächskreis unterbrechen.

- Lassen Sie die Kinder an einem Projekt arbeiten, das aus mehreren, aufeinander aufbauenden Aufgaben besteht. So können sie ihre Arbeit selbstständig und ohne weitere Anleitung fortführen. In diesem Fall ist es sinnvoll, wenn in jeder Arbeitsgruppe ein Kind die Aufgabe des Leiters oder Beraters übernimmt.

- Erlauben Sie den Schülern, individuelle Tagebücher zu schreiben. Während ein Gesprächskreis stattfindet, können Sie die anderen Kinder Einträge in ein privates Tagebuch vornehmen lassen (das sie nach Wunsch dem Lehrer zeigen können). Das Thema des Tagebucheintrags kann das gleiche sein wie das Thema des Gesprächskreises. Korrigieren Sie die Tagebucheinträge nicht, aber antworten Sie, wo es angemessen scheint, mit eigenen schriftlich formulierten Gedanken.

❱ Gesprächskreise leiten

In diesem Kapitel finden Sie eine ausführliche Anleitung zur Durchführung von Gesprächskreisen. Wir behandeln die wichtigsten Punkte, die Sie im Gedächtnis behalten sollten, und beantworten Fragen, die zu Beginn der Arbeit mit Gesprächskreisen aufkommen können. Denken Sie aber daran, dass die Anleitungen dazu gedacht sind, Ihnen zu helfen, und nicht, Sie einzuengen. Nutzen Sie die Hilfe, aber vertrauen Sie zugleich Ihrem eigenen Führungsstil.

©Verlag an der Ruhr
Postfach 10 22 51
45422 Mülheim an der Ruhr
www.verlagruhr.de

Soziales *Lernen*
in der
Grundschule

Ablauf des Gesprächskreises
Hinweise für den Leiter

1. **Die Gruppe bilden**
   (1–2 Minuten)
2. **Die Grundregeln wiederholen**
   (1–2 Minuten) – nach einigen Sitzungen nur noch bei Bedarf
3. **Das Thema vorstellen**
   (1–2 Minuten)
4. **Die einzelnen Gesprächsbeiträge**
   (12–18 Minuten)
5. **Rückblick und Zusammenfassung**
   (3–5 Minuten) – bei Bedarf
6. **Schlussreflexion**
   (2–8 Minuten)
7. **Auflösung der Runde**
   (weniger als 1 Minute)

Anmerkung: Die Zeitangaben sind als Orientierungshilfen gedacht und können selbstverständlich flexibel gehandhabt werden. Je nach Thema, zur Verfügung stehender Zeit und Gruppenstärke sind Abweichungen nach oben oder unten möglich und häufig sogar nötig.

Die Gruppe bilden
(1–2 Minuten)

Denken Sie daran: Wenn Sie sich mit den Kindern in den Kreis setzen, halten Sie keine Unterrichtsstunde ab. Sie fördern und leiten eine Gruppe von Menschen. Sorgen Sie daher für eine positive Atmosphäre. Sprechen Sie auf lockere Art die Kinder mit Namen an, halten Sie Blickkontakt und vermitteln Sie Wärme. Ihre ebenso ernste wie begeisterte Haltung zeigt den Kindern, dass sie im Gesprächskreis wichtige Erfahrungen sammeln können und dass es sich um eine interessante und zugleich bedeutsame Aktivität handelt.

Die Grundregeln wiederholen
(1–2 Minuten)

Besprechen Sie zu Beginn der ersten Sitzung und auch später in angemessenen Abständen noch einmal die Grundregeln für den Gesprächskreis (s. Kasten). Machen Sie den Kindern klar, dass sie sich an die Regeln halten müssen. Zeigen Sie ihnen, dass Sie eine positive Meinung von ihnen haben und ihnen verantwortungsbewusstes Verhalten zutrauen. Lassen Sie sie wissen, dass mit der Teilnahme am Gesprächskreis die Bereitschaft verbunden ist, zuzuhören und die anderen Gesprächsteilnehmer zu akzeptieren und zu respektieren.

Regeln für den Gesprächskreis

1. Bringe nur dich selbst und nichts anderes in den Kreis mit.
2. Jeder kommt an die Reihe und darf sich äußern, auch der Leiter.
3. Du kannst das Wort an den Nächsten weitergeben, wenn du dich nicht äußern möchtest.
4. Höre dem Kind zu, das gerade spricht.
5. Jeder bekommt den gleichen Anteil an Redezeit.
6. Bleibe auf deinem Platz ruhig sitzen.
7. Es ist nicht erlaubt, jemanden zu unterbrechen oder ihm das Wort abzuschneiden, über jemanden abfällig zu reden oder *während* des Gesprächs Fragen zu stellen.

Das Thema vorstellen (1–2 Minuten)

Formulieren Sie das Thema in Ihren eigenen Worten und veranschaulichen Sie es anhand von passenden Beispielen. Fügen Sie eigene Erläuterungen hinzu, die den Kindern helfen, das Thema zu verstehen. Beantworten Sie Fragen zum Thema, und betonen Sie, dass es keine „richtigen" und „falschen" Antworten gibt. Wiederholen Sie schließlich noch einmal das

Thema, und eröffnen Sie die Runde für Stellungnahmen (die der Kinder und Ihre eigenen). Manchmal hilft es, wenn Sie selbst zunächst das Wort ergreifen, um den Kindern deutlich zu machen, was gemeint ist. Erinnern Sie auch im Verlauf der Gesprächsrunde immer wieder an das Thema. Denken Sie über den Gesprächsgegenstand und mindestens einen möglichen persönlichen Beitrag nach, bevor Sie in eine Gesprächsrunde einsteigen.

Die einzelnen Gesprächsbeiträge (12–18 Minuten)

Der wichtigste Punkt, den Sie beim Ablauf beachten müssen, ist die Schaffung einer vertrauten Gesprächsatmosphäre. Im Gesprächskreis sollen die Schüler die Möglichkeit erhalten, sich offen mitzuteilen und durch die Erfahrungen, Gedanken und Gefühle, die sie den anderen anvertrauen, Akzeptanz zu erfahren. Vermeiden Sie es, von den Gesprächsteilnehmern abzulenken. Sie sind die Hauptpersonen im Geschehen.

Rückblick und Zusammenfassung (3–5 Minuten, bei Bedarf)

Sie selbst als Vorbild, verbunden mit der Erinnerung an die Kinder, aufmerksam zuzuhören, können zur Verbesserung ihrer Fähigkeit des Zuhörens beitragen. Darüber hinaus eignet sich auch der Rückblick dazu, die Aufmerksamkeit der Kinder zu fokussieren. Im wiederholenden Rückblick auf das, was sie gehört haben, können die Kinder noch einmal über das Gesagte nachdenken. Sie üben aufmerksames Zuhören und erhalten außerdem zusätzliche Anerkennung. Der Rückblick bestätigt ihre Erfahrung und vermittelt den Gedanken: „Du bist wichtig", eine Botschaft, die immer wieder zu hören uns gut tut. Ein Kind aus der Gruppe kann dazu ganz einfach ein anderes Kind ansprechen und kurz zusammenfassen, was dieses Kind vorher gesagt hat („Julia, du hast eben gesagt...").

Weisen Sie bei den ersten Sitzungen darauf hin, wie wichtig es ist, mit dem Sprecher gemeinsam zu überprüfen, ob die wichtigsten Dinge richtig zusammengefasst worden sind. Sagt der Sprecher „nein", so erlauben Sie ihm die Zusammenfassung zu korrigieren. Betonen Sie auch, wie wichtig es ist, ein Kind direkt anzusprechen, und das Wort „du" und nicht „er" oder „sie" zu benutzen. Sagt jemand, „er hat gesagt...", unterbrechen Sie sofort, und weisen Sie den Sprecher so höflich wie möglich auf die direkte Anrede hin: „Wenn du zu Sebastian sprichst, dann rede ihn bitte mit ‚du' an." Das ist sehr wichtig. Das Kind, über dessen Äußerungen im Rückblick gesprochen wird, fühlt sich ganz anders, wenn die anderen es direkt ansprechen und nicht in der dritten Person von ihm reden. Denken Sie daran: Der Rückblick sollte nur gelegentlich stattfinden, da er als fester Bestandteil jeder Sitzung wenig effektiv ist.

Schlussreflexion (2–8 Minuten)

Mit der Schlussreflexion tritt der Gesprächskreis in seine kognitive Phase ein. Während dieser Phase stellt der Leiter Fragen, die zum vertieften Nachdenken anregen und die offene Diskussion und Reflexion initiieren. Jeder Übungsvorschlag im vorliegenden Buch enthält zusammenfassende Fragen. Sie können aber auch eigene Fragen formulieren, die Ihrer Meinung nach dem Niveau Ihrer Klasse oder dem Thema des Gesprächs besser entsprechen. Wenn Sie einen Zusammenhang zwischen dem Gesprächsgegenstand und einem spezifischen Themenkreis herstellen möchten, formulieren Sie entsprechende Fragen und erweitern Sie die Schlussreflexion.

Achten Sie darauf, die Schlussreflexion nicht mit dem Rückblick zu verwechseln. Der Rückblick findet nur bei Bedarf statt, die Schlussreflexion immer. Sie kommt dem Bedürfnis der Kinder aller Altersgruppen entgegen, dem, was sie tun, eine Bedeutung beizumessen und darüber zu reden. So ist die Schlussreflexion eine notwendige Abrundung jedes Gesprächskreises. Sie macht den Schülern noch einmal die wichtigsten Begriffe und Erkenntnisse klar, die sie aus der Runde mitnehmen sollten.

Auflösung der Runde
(weniger als 1 Minute)

Der Kreis lässt sich am besten auflösen, wenn die Diskussion von selbst zum Ende kommt. Danken Sie im Anschluss an das Gespräch allen Teilnehmern herzlich, bedanken Sie sich aber nicht bei einzelnen Kindern für ihre Wortbeiträge, da so der Eindruck entstehen könnte, es sei wichtiger zu sprechen, als aufmerksam zuzuhören. Beenden Sie dann die Sitzung mit Worten, wie: „Die Sitzung ist zu Ende" oder „Okay, damit beenden wir unsere Runde."

Ergänzungen zu Abläufen und Regeln der Gesprächskreise

Die folgenden Ausführungen enthalten vertiefende Informationen zur Durchführung von Gesprächskreisen.

Warum sollen die Kinder nur sich selbst und nichts anderes mit in den Kreis bringen?
Nicht alle Gesprächsleiter sind sich in diesem Punkt einig. Die meisten sehen es jedoch lieber, wenn die Kinder keine Gegenstände (Stifte, Bücher usw.), mit in den Kreis nehmen, die sie selbst und andere ablenken könnten.

Wer darf reden?
Die Antwort ist einfach: jeder. Die Bedeutung der gegenseitigen Akzeptanz kann nicht genug betont werden. Auf die eine oder andere Weise drückt jede Grundregel immer wieder das eine aus: akzeptiert euch gegenseitig. Wenn Sie selbst die Schüler akzeptieren, lernen auch sie, sich gegenseitig anzunehmen. Jeder Einzelne in der Gruppe ist wichtig und verdient es, angehört zu werden, wenn er es möchte. Daher sollte jedes Kind in gleicher Weise mit einbezogen werden.
Lassen Sie allen Kindern für ihre Beiträge die gleiche Bestätigung zukommen. Es kann viele Gründe geben, warum ein Gesprächsleiter von einem Beitrag begeisterter ist als von einem anderen. Eine Antwort kann exakter sein, mehr in die Tiefe gehen, unterhaltender oder philosophischer sein als eine andere, der eigenen Meinung besser entsprechen usw. Jedes Kind braucht jedoch Bestätigung, auch wenn sein Beitrag einmal „nur" aus dem aufmerksamen Verfolgen einer Sitzung bestand.
Bringen Sie sich selbst auch in jede Sitzung mit ein und beziehen Sie zum Thema Stellung. Die Kinder schätzen es meistens sehr, wenn auch der Lehrer bereit ist, etwas über seine Erfahrungen, Gedanken und Gefühle zu erzählen. Damit signalisieren Sie den Kindern, dass auch Sie ein Mensch mit all seinen Stärken und Schwächen sind.

42

◯ *Muss sich jedes Kind zum Thema äußern?*

Nein. Die Kinder haben das Recht, das Wort an den Nächsten weiterzugeben. Sobald die Teilnahme am Gesprächskreis zum Stress wird und die Kinder den Eindruck haben, zum Reden gezwungen zu werden, wird die Gesprächsrunde zum unsicheren Ort, an dem sie sich nicht mehr wohl fühlen. In einer solchen Atmosphäre kann keine wirkliche Diskussion stattfinden. Dadurch, dass Sie den Kindern selbst die Wahl überlassen, zeigen Sie ihnen, dass Sie ihnen das Recht zugestehen, sich still zu verhalten, wenn sie dies möchten.

Es kann passieren, dass bei der ersten Sitzung ein oder mehrere Kinder nicht reden wollen. Das kann durchaus ein Vorteil für Sie sein. Nehmen Sie es gelassen hin, und akzeptieren Sie diese Haltung. So können Sie deutlich machen, dass Sie eine Erfahrungsmöglichkeit anbieten, die Sie für wertvoll halten, aber niemanden zum Reden zwingen. Auch Sie als Gesprächsleiter sollten sich nicht gezwungen fühlen, in jeder Sitzung über eigene Erfahrungen zu sprechen. Verzichten Sie aber in zu vielen Sitzungen auf ihre persönliche Stellungnahme, kann dies einen hemmenden Einfluss auf die Gesprächsbereitschaft der Kinder ausüben.

Die Grundregel der Freiwilligkeit kann jedoch auch überzogen werden. Es kann zu Rückschlägen führen, wenn Lehrer die Kinder auf das Recht der Redeverweigerung zu ausdrücklich aufmerksam machen. Die Kinder können dann sehr zurückhaltend reagieren, da sie die Haltung des Leiters für mangelndes Interesse halten. Um ein solches Ergebnis zu vermeiden, sollten Sie Ihre persönliche Unsicherheit nicht auf die Kinder übertragen. Vertrauen Sie ruhig Ihrem erfahrenen Umgang mit den Schülern. Vertrauen Sie darauf, dass sich irgendetwas bewegen wird, dann trifft es auch ein.

Manche Gesprächsleiter bitten die Teilnehmer, sich per Handzeichen zu melden. Andere lassen sie frei sprechen. Entscheiden Sie selbst, was für Sie besser ist. Rufen Sie ein Kind aber erst dann auf, wenn es Gesprächsbereitschaft signalisiert.

Praxisberichte zeigen, dass die ersten Sitzungen in einigen Fällen praktisch nicht zu Stande kamen, weil sich kein oder nur ein bis zwei Kinder zu Wort meldeten. Die betreffenden Lehrer haben dennoch weiter Gesprächskreise angeregt, bis sich irgendwann einmal der Erfolg zeigte. Das Warten hatte sich gelohnt, und die Schüler hatten plötzlich viel zu berichten. In diesen Fällen hat der Freiwilligkeitsaspekt die Schlüsselrolle gespielt. Die meisten Kinder teilen sich zu gegebener Zeit mit, wenn sie etwas zu sagen haben, jedoch nur, wenn sie sich dabei nicht gedrängt fühlen.

Manchmal entstehen während einer Sitzung Gesprächspausen. Fühlen Sie sich nicht verpflichtet, jedes Mal einzuspringen, wenn ein Kind nicht weiter redet. In den Gesprächsrunden können die Kinder zwischendurch überlegen, was sie mitteilen wollen, oder über etwas nachdenken, das sie gehört haben. Als Faustregel kann gelten: Lassen Sie Schweigen zu, solange die Gruppe sich nicht unbehaglich fühlt. Setzen Sie am zuletzt geäußerten Punkt an. Wechseln Sie nicht das Thema. Dies würde bedeuten, dass Sie nur dann zufrieden sind, wenn die Kinder reden. Ihre Zusicherung, die Redebeiträge seien freiwillig, würde dadurch unglaubwürdig.

Wenn Sie sich über Schüler ärgern, die auch bei wiederholter Teilnahme an einem Gesprächskreis nichts sagen, so fragen Sie sich noch einmal, was Sie unter Beteiligung verstehen. Sie ist nicht gleichbedeutend mit Reden. Auch Kinder, die nicht mitreden, können durchaus zuhören und dabei etwas lernen.

◯ *Wie ermutige ich Kinder zum aufmerksamen Zuhören?*

Der Gesprächskreis für Kinder und Lehrer ist der Ort, an dem das Zuhören durch fortwährendes Praktizieren trainiert wird. Niemand ist mit dieser Fähigkeit auf die Welt gekommen, sondern kann sie, wie alle anderen Fähigkeiten auch, durch Üben verbessern.

In der von Spontaneität geprägten Atmosphäre des Gesprächskreises wird den Teilnehmern bewusst, dass Zuhören notwendig ist. Die meisten Schüler erwarten dies auch voneinander. Im Gesprächskreis bedeutet Zuhören respektvolle Aufmerksamkeit für den jeweiligen Sprecher. Dazu gehört der Blickkontakt mit dem Sprecher und eine Offenheit signalisierende Körperhaltung. Unterbrechungen aller Art sind zu vermeiden.

Wenn Sie einen Gesprächskreis leiten, sollten Sie selbst zuhören und die Schüler zum Zuhören ermutigen, indem Sie

1. Ihre Aufmerksamkeit auf den Sprecher richten;
2. aufnehmen, was der Sprecher sagt und nicht schon die nächste Bemerkung vorbereiten;
3. dem Sprecher für den Redebeitrag verbal oder nonverbal (durch Kopfnicken und Lächeln) danken.

Teilen Sie den Kindern mit, wenn Sie beobachten konnten, dass sie aufmerksam zugehört haben, und loben Sie sie dafür. Die gelegentlichen Rückblicke am Ende der Sitzung sind ebenfalls eine gute Möglichkeit, diesen Aspekt aufzugreifen.

◑ *Wie kann ich sicherstellen, dass jedes Kind die gleiche Redezeit bekommt?*

Durch gerechte Aufteilung der Redezeit zeigen Sie, dass jeder Beitrag gleich wichtig ist. Oft gibt es aber mindestens einen Wortführer in einer Gruppe. Solche Kinder hören nicht mehr auf, zu reden, und merken oft nicht, dass sie die anderen, weniger sicheren Kindern in ihrer Redezeit einschränken.

Machen Sie den Kindern die Grundregel der gerechten Zeitaufteilung unbedingt klar. Kündigen Sie vor Beginn der Sitzung an, wie viel Zeit insgesamt zur Verfügung steht und ob Sie einen Rückblick eingeplant haben. Schränken Sie auch Ihre eigenen Redebeiträge zeitlich ein. Schreiten Sie ein, wenn jemand kein Ende findet (Kinder müssen erkennen, dass sie anderen die Zeit zum Reden

nehmen), seien Sie dabei aber möglichst vorsichtig und einfühlsam.

Verhalten, durch das andere in ihrer Bereitschaft sich mitzuteilen eingeschränkt werden

Ein solches Verhalten vermittelt die Botschaft: „Du bist nicht okay, so wie du bist."
Dies geschieht manchmal absichtlich, oft aber auch unbewusst. Beides ist in einem Gesprächskreis zu vermeiden, da es die Atmosphäre der Akzeptanz zerstört und den Gesprächsfluss unterbricht. Typische Verhaltensweisen, mit denen man einen Gesprächspartner in seiner Redebereitschaft einschränken kann, sind:

- zu starkes Nachhaken
- belehrende oder predigende Äußerungen
- Ratschläge
- Besserwisserei
- Kritik
- Einwände oder Missfallensäußerungen
- Sarkasmus
- zweifelnde Äußerungen

◑ *Wie gehe ich damit um?*

Es gibt vor allem zwei Möglichkeiten, mit dieser Art von Störung im Gesprächkreis umzugehen: sie von Anfang an vermeiden oder einschreiten, sobald eine solche Situation entsteht.
Sprechen Sie zu Beginn jeder Sitzung, besonders in den ersten Sitzungen, mit den Schülern die Grundregeln durch. Dies ist eine hilfreiche vorbeugende Maßnahme. Eine andere Möglichkeit besteht darin, die Schüler zu bestärken, wenn sie sich an die Regeln halten. Drücken Sie sich aber nie herablassend oder wertend aus.

©Verlag an der Ruhr
Postfach 10 22 51
45422 Mülheim an der Ruhr
www.verlagruhr.de

Soziales *Lernen*
in der
Grundschule

Inakzeptables Verhalten sollten Sie sofort unterbinden. Sobald Sie merken, dass jemand in seiner Redefreiheit eingeschränkt wird, können Sie die Maßnahmen ergreifen, die Sie üblicherweise anwenden, um Störungen in der Klasse zu begegnen.
Machen Sie dem Verursacher der Störung deutlich, dass er gegen die vereinbarten Regeln verstößt. Je weniger Worte Sie machen, desto besser – Kinder schalten bei langen Vorträgen automatisch ab.

Manchmal unterbrechen Kinder die Gruppe auch durch Privatgespräche mit dem Nachbarn. Berühren Sie in einem solchen Fall das betreffende Kind nur kurz am Arm oder an der Schulter, während Sie weiter Blickkontakt zu dem Kind halten, das gerade an der Reihe ist. Wenn Sie den Störer damit nicht erreichen, erinnern Sie noch einmal an die Grundregel des Zuhörens. Mit Kindern, die permanent andere unterdrücken oder unterbrechen, sollten Sie bei anderer Gelegenheit ein kurzes Vier-Augen-Gespräch führen und sie zur Einhaltung der Regeln verpflichten. Kündigen Sie an, dass Sie noch einmal überdenken werden, ob das betreffende Kind weiter an den Sitzungen teilnehmen darf. Machen Sie ihm klar, dass dies nur möglich ist, wenn es sich an die Regeln hält.

◯ Wie halte ich Kinder davon ab, über andere zu tratschen?

Weisen Sie die Kinder von Zeit zu Zeit darauf hin, dass sie keine Namen nennen und keine peinlichen Informationen weitergeben sollen. Ermutigen Sie die Kinder dazu, persönliche Kontakte zu den anderen aufzubauen, aber keine intimen Einzelheiten aus ihrem Leben preiszugeben.

◯ Wie sollte sich der Gesprächsleiter während der Schlussreflexion verhalten?

Führen Sie eine offene Diskussionsrunde. Geben Sie den Kindern die Gelegenheit, verschiedene Gedanken zu besprechen, und lassen Sie sie alles sagen, was ihnen wichtig ist. Drücken Sie den Kindern nicht Ihre eigene Meinung auf, und lassen Sie auch nicht

zu, dass die Kinder sich gegenseitig ihre Meinung aufzwingen. Stellen Sie Fragen, die zum Nachdenken und zur vertieften Reflexion anregen, teilen Sie gegebenenfalls auch Ihre eigenen Gedanken mit. Üben Sie einen ermutigenden Einfluss aus.

©Verlag an der Ruhr
Postfach 10 22 51
45422 Mülheim an der Ruhr
www.verlagruhr.de

Soziales *Lernen*
in der
Grundschule

Methodische Schwerpunkte und Sozialformen

Das folgende Kapitel informiert Sie über verschiedene Methoden und Sozialformen, die Sie in diesem Buch vorfinden. Die Haupt-Methode stellt dabei der Gesprächskreis dar. Welche Ziele mit dieser Sozialform verbunden sind und welche Vorteile sie für das soziale Lernen bietet, haben Sie bereits in dem Kapitel „Die EQ-Supermethode: der Gesprächskreis" erfahren (S. 31–44). Alle anderen Methoden werden im Folgenden kurz vorgestellt und erläutert. Gleichzeitig lernen Sie die Symbole kennen, mit denen Aufgaben und Übungen in diesem Buch gekennzeichnet sind. Sie verweisen auf den methodischen Schwerpunkt, der der jeweiligen Aufgabe zu Grunde liegt.

Szenische Darstellung

Bei der szenischen Darstellung erhalten die Schüler die Möglichkeit, in Rollen zu schlüpfen, die Perspektive zu wechseln und sich in andere Personen hineinzuversetzen.
Dabei kommen persönliche Erfahrungen, Meinungen und Werte der Kinder zum Ausdruck, gleichzeitig erlaubt die damit verbundene Rollenübernahme auch die Identifikation mit anderen Figuren und Personen.
Für das soziale Lernen ist diese Methode von besonderer Bedeutung, da hierbei die Kinder direkt aufgefordert werden, sich in ein Geschehen hineinzuversetzen, und oft auch einen anderen Standpunkt einnehmen müssen. So werden Empathie und Akzeptanz gegenüber anderen, zum Teil gegenteiligen Meinungen und Positionen gefördert. Darüber hinaus hilft die szenische Umsetzung, sich der eigenen Positionen bewusst zu werden und eigene Gefühle, Wünsche, Ziele und Vorstellungen besser zu verstehen sowie Ausdrucksmöglichkeiten für Stimmungen und Emotionen zu finden.

Bewegung und Körperarbeit

Mit Körperübungen kommen Sie dem Bedürfnis der Kinder entgegen, sich zu bewegen und körperlich aktiv zu werden. Die Übungen regen dazu an, sich Stimmungen und Gefühlen hinzugeben und sie damit auch körperlich zu erleben. Die Kinder erfahren auf diese Weise, wie der eigene Körper bei bestimmten Empfindungen reagiert und lernen verschiedene Möglichkeiten des Ausdrucks kennen.
Insbesondere dann, wenn es um Gefühle geht, spielt der eigene Körper eine wichtige Rolle, denn er ist zum einen Spiegel der Stimmungen und Emotionen, zum anderen kann man über bestimmte Körperübungen das Gefühlsleben und Wohlbefinden positiv beeinflussen. Bei den Übungen zur Körperarbeit lernen die Kinder nicht nur ihre eigenen körperlichen Ausdrucksmöglichkeiten kennen, sondern erfahren auch, wie andere in bestimmten Situationen reagieren.

Arbeitsblatt

Übungen, die mit diesem Symbol gekennzeichnet sind, enthalten ein Arbeitsblatt. Es dient als Gesprächsgrundlage für die anschließende Reflexion und soll den Kindern dabei helfen, sich über das betreffende Thema klar zu werden.

Kreatives Gestalten

Nicht für alles, was in uns vorgeht, finden wir auch die richtigen Worte. Insbesondere für Kinder stellen Malen, Zeichnen und Gestalten wichtige Ausdrucksmöglichkeiten dar.

Bei dem vorliegenden Konzept dienen die Aufgaben zum kreativen Gestalten häufig auch als Gesprächsgrundlage. Sie erleichtern es den Kindern, sich zu sammeln und über Dinge klar zu werden, indem sie sie gestaltend umsetzen, zeichnen oder malen.

Einige Übungen helfen auch, sich selbst darzustellen und in Bildern, Zeichnungen und Collagen persönliche Eigenschaften, Vorlieben und Interessen den anderen mitzuteilen.

Das Material, das die Kinder dazu benötigen, befindet sich meist in jedem Tornister oder ist leicht zu beschaffen, sodass der Aufwand sehr gering bleibt.

Entspannungsübungen

Im Gegensatz zu den Körperübungen, bei denen Bewegung und körperliche Aktivität erwünscht sind, sollen die Entspannungsübungen den Kindern helfen, zur Ruhe zu kommen und abzuschalten.

Sie beinhalten Fantasiereisen und Atemübungen, die es den Kindern ermöglichen, sich von Gedanken und negativen Empfindungen zu befreien und einen Ausgleich zum hektischen (Schul-)Alltag zu finden.

Durch die Entspannungsübungen lernen die Kinder, den eigenen Körper wahrzunehmen, auf Stimmungen und Empfindungen zu achten und sie durch gezielte Übungen auszugleichen.

Zuhören und Nachdenken

Bei den Aufgaben zum Zuhören und Nachdenken werden die Schüler aufgefordert, sich bestimmte Situationen vorzustellen und sich in Figuren und Personen hineinzuversetzen.

Ausgehend von einer Geschichte oder Fallbeispielen wird dabei eine bestimmte Thematik angeschnitten, zu der sie Stellung beziehen können. Die Kinder gehen zunächst von eigenen Erfahrungen und Vorstellungen aus, wenn sie die Empfindungen der vorgestellten Figuren und Personen nachvollziehen und die Intention ihrer Handlungen zu deuten versuchen. Zum einen werden sie sich hierbei eigener Werte und Haltungen bewusst, zum anderen erfahren sie im Austausch der Meinungen etwas über die Beweggründe anderer und lernen unterschiedliche Meinungen und Positionen kennen.

Spiel und Gruppenaktivität

Die Gruppenaktivitäten laden die SchülerInnen dazu ein, sich gemeinsam handelnd einem Thema zu nähern und es sich spielend zu erschließen.

Anders als bei der Einzelarbeit zählen bei den Gruppenaktivitäten das gemeinschaftliche Erleben und die Kooperation. Dabei kommt die Unterschiedlichkeit der einzelnen Gruppenmitglieder besonders zum Tragen. Jeder trägt auf seine Weise etwas dazu bei, dass ein Spiel oder eine Gruppenaufgabe gelingt. Die Individualität der einzelnen Gruppenmitglieder bereichert dabei die jeweilige Übung oder Aufgabe.

©Verlag an der Ruhr
Postfach 10 22 51
45422 Mülheim an der Ruhr
www.verlagruhr.de

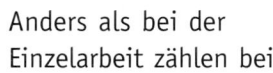 Soziales *Lernen*
in der
Grundschule

Selbstbewusstsein

Lernziele der Aktivitäten und Übungen

Die Schüler

✗ erkennen ihre individuellen Interessen, Fähigkeiten, Stärken und Schwächen;

✗ prüfen ihre individuelle Verschiedenheit und die Vorlieben, die ihre Lieblingsbeschäftigungen mitbestimmen;

✗ erkennen eigene Werte, bedeutsame Erfahrungen und wichtige Beziehungen, die Gegenständen – unabhängig von ihrem materiellen Wert – eine persönliche Bedeutung verleihen.

In den Gesprächskreisen

✗ beschreiben die Kinder einen Lieblingsgegenstand, der ihnen gehört, und sprechen darüber, was dazu führt, dass Gegenstände sowohl einen emotionalen als auch einen materiellen Wert besitzen;

✗ beschreiben sie Aktivitäten, die sie besonders gern mögen, und die Gefühle, die mit der Teilnahme an solchen Aktivitäten verbunden sind.

Das bin ich!

Ziele:

Die Kinder
- ✗ finden ihre individuellen Interessen, Fähigkeiten, Stärken und Schwächen heraus;
- ✗ lernen, individuelle Unterschiede als etwas zu sehen, das jeden Menschen einzigartig macht.

Material:

Eine Kopie des Arbeitsblatts „Das bin ich!" für jeden Schüler

So geht es:

Teilen Sie die Arbeitsblätter aus. Lesen Sie gemeinsam mit den Schülern die Arbeitsanweisung, und geben Sie den Kindern zehn Minuten Zeit, das Arbeitsblatt auszufüllen, um anschließend mit Ihnen darüber zu sprechen. Weisen Sie sie darauf hin, dass es besonders interessant sein wird, herauszufinden, was sie über sich selbst denken. Gehen Sie nach Möglichkeit herum, während die Kinder die Blätter ausfüllen. Bieten Sie, wenn nötig, Ihre Hilfe an. Führen Sie dann ein abschließendes Gespräch durch.

Schlussreflexion:

1. Welche Wörter habt ihr gewählt, um euch selbst zu beschreiben?
2. Was mögt ihr von den aufgeführten Dingen besonders gern?
3. Was könnt ihr davon besonders gut?
4. Sehen eure Arbeitsblätter verschieden aus? Warum ist das so?
5. Warum ist es wohl wichtig, sich selbst und andere auf eine solche Weise kennen zu lernen?

Arbeitsblatt

Das bin ich!

1. Kreise alle Wörter rot ein,
   die dich beschreiben.

2. Kreise alle Wörter blau ein,
   die beschreiben, was du gerne tust.

3. Kreise die Wörter grün ein,
   die beschreiben, welche Dinge du gut kannst.
   *Du darfst die Wörter auch
   mit mehreren Farben einkreisen.*

4. Ergänze die Liste mit eigenen Wörtern,
   die zu dir passen.

zeichnen	lesen	ein Haustier haben
laufen	blonde Haare	im Garten arbeiten
mit einem Computer umgehen	Theater spielen	kochen
braune Haare	Musik hören	Sachen sammeln
Kakao	kurze Haare	Möhren
tanzen	Brillenträger	groß
puzzeln	schreiben	Blumen
mit Freunden reden	Sommersprossen	Locken
grüne Augen	Inliner	Turnschuhe
freundlich	Computerspiele	Joghurt
Junge	malen	Kätzchen
Mathematik	hilfsbereit in der Schule	barfuß laufen
Eis	rote Haare	lange Haare
Sachunterricht		
schwimmen		
ein Musikinstrument spielen		
Mädchen		
zu Hause helfen		
klein		

Finde die geheime Botschaft!

Ziele:

Die Kinder

✘ stellen Informationen über sich selbst bildlich dar;

✘ stellen eine Aktivität vor, die jetzt oder in Zukunft wichtig für sie ist;

✘ erzählen, aus welchem Gefühl heraus sie eine lieb gewonnene Tätigkeit ausführen.

Material:

Für jedes Puzzle: eine flache, etwa 23x30cm große Schachtel, ein Blatt Tonzeichenpapier (in der Größe der Schachtel), bunte Stifte, Schere, Bleistift

So geht es:

Geben Sie jedem Kind Papier und Buntstifte. Fordern Sie die Kinder auf, einige Augenblicke über eine Tätigkeit nachzudenken, die ihnen besonders wichtig ist. Das kann etwas sein, was sie zur Zeit tun, in Zukunft zu tun beabsichtigen oder wovon sie sogar träumen. Die Schüler malen ihre Ideen auf das Poster, wobei sie darauf achten, das ganze Blatt komplett auszufüllen. Fordern Sie anschließend die Kinder auf, das bemalte Blatt umzudrehen und eine geheime Botschaft auf die Rückseite zu schreiben. Die Botschaft kann die Aktivität erklären, die sie gemalt haben, oder auch eine persönliche Eigenschaft, ein Interesse, Hobby oder Ziel beschreiben. Wichtig ist, dass der Name des Kindes in der Botschaft auftaucht.

Verteilen Sie anschließend die Scheren, damit die Kinder ihr Bild in große Puzzleteile zerschneiden können. Jüngere Kinder werden dabei noch Ihre Hilfe brauchen. Sammeln Sie die Blätter in diesem Fall ein und stellen Sie selbst die Puzzle zu Hause fertig. Führen Sie ein Abschlussgespräch durch, wenn alle Puzzles fertig sind.

Jedes Puzzle wird in einer flachen Schachtel an einem speziellen Platz im Klassenraum aufbewahrt. Um die geheime Botschaft zu entziffern, nimmt ein Kind eine der Schachteln, setzt das Puzzlebild auf dem Boden der Schachtel zusammen, schließt sie, dreht sie anschließend auf den Kopf, sodass der Deckel unten ist und hebt zuletzt den Boden ab. Wurde das Puzzle korrekt zusammengesetzt, erscheint nun die lesbare geheime Botschaft.

Schlussreflexion:

1. Wie schwer war es, zu entscheiden, welche Tätigkeit ihr malen wolltet?
2. Woher wisst ihr, dass euch etwas wichtig ist?
3. Was empfindet ihr, wenn ihr an etwas denkt, das ihr sehr gerne mögt oder das euch sehr wichtig ist?
4. Erklärt, ohne eure geheime Botschaft zu verraten, was ihr über euch selbst bei dieser Übung erfahren und gelernt habt.

©Verlag an der Ruhr
Postfach 10 22 51
45422 Mülheim an der Ruhr
www.verlagruhr.de

Soziales *Lernen* in der **Grundschule**

Das ist in der Tasche

Ziele:

Die Kinder

✗ sammeln Sachen, die eine besondere Bedeutung für sie haben und stellen sie den anderen vor;

✗ erkennen und beschreiben Wissenswertes über sich selbst und ihr Leben.

Material:

Für jedes Kind eine „Ich-Tasche" (z.B. braune Papiertüten) mit gesammelten Dingen, die die Interessen des Kindes repräsentieren

So geht es:

Bitten Sie die Schüler in der Stunde, bevor Sie diese Übung durchführen, Bilder, kleine „Schätze" und Andenken zusammenzutragen. Diese Dinge stecken die Kinder dann in eine braune Papiertasche, die sie zur nächsten Stunde mitbringen. Zeigen Sie ihnen als Beispiel eine Tasche mit Ihren eigenen Erinnerungsstücken.

Die Kinder setzen sich in einen Kreis und stellen die Taschen vor sich hin. Bitten Sie einen Freiwilligen seine „Ich–Tasche" vorzustellen, oder lassen Sie das Los darüber entscheiden, wer anfängt.

Erklären Sie die Übung mit Ihren eigenen Worten: „Nehmt die Gegenstände nacheinander aus euren Taschen, zeigt sie den anderen, und erklärt zu jedem Gegenstand, was er darstellt und warum er euch wichtig ist. Erzählt uns auch, ob ihr diesen Gegenstand mögt oder nicht und woher ihr ihn habt. Es kann zum Beispiel sein, dass ihr Eintrittskarten zu einem Kinofilm oder Konzert mitgebracht habt. Oder ihr möchtet uns das Foto einer Ballerina zeigen, weil ihr gern selbst Tanzstunden nehmen würdet und eines Tages Künstler werden möchtet."

Vielleicht benötigen einige Kinder während des Gesprächs einen kleinen Anstoß. Stellen Sie zögerlichen oder schüchternen Kindern Fragen, um ihnen den Einstieg zu erleichtern, z.B. „War das ein Geschenk?" oder „Würdest du uns gern erzählen, warum dir das wichtig ist?"

Nach dem Gespräch gehen die Kinder an ihre angestammten Plätze zurück. Führen Sie danach ein kurzes Abschlussgespräch durch.

Schlussreflexion:

1. Was habt ihr gefühlt, als ihr den anderen etwas über eure Schätze und Andenken mitgeteilt habt?
2. Hat jemand von euch auch Dinge in die Tasche gesteckt, die etwas darstellen, das er nicht mag oder das schlechte Gefühle in ihm auslöst? Warum?
3. Was glaubt ihr, verrät eure Schatztasche über euch? Welche Botschaft vermittelt sie?

Soziales Lernen *in der* **Grundschule**

Das ist das Liebste, was ich habe

Ziele:

Die Kinder

✗ entdecken und beschreiben etwas, das ihnen gehört und das sie sehr gern haben;

✗ beschreiben die Art und die Ursache des Gefühls für diesen Gegenstand.

So geht es:

Erklären Sie die Übung mit Ihren eigenen Worten: „Wir alle besitzen Dinge, die wir sehr schätzen und die wertvoll für uns sind. Wir benutzen sie gern, oder es macht uns einfach Spaß, sie anzusehen. Heute haben wir alle einmal die Gelegenheit über etwas ganz Besonderes zu sprechen, das uns gehört. Unser Thema heißt: ‚Das ist das Liebste, was ich habe'.

Ihr habt sicher mehrere besondere Dinge, die euch gehören. Manches habt ihr vielleicht schon bekommen, als ihr noch ganz klein wart. Anderes besitzt ihr möglicherweise erst seit Kurzem. Erzählt uns von etwas ganz Besonderem, das euch gehört, und beschreibt, warum es euch wichtig ist. Es kann sein, dass es euch jemand gegeben hat, der euch viel bedeutet. Oder ihr musstet eigenes Geld verdienen, um euch den Gegenstand leisten zu können. Das kann etwas sein, das ihr gerne anzieht, mit dem ihr gern spielt oder arbeitet. Es kann auch etwas sein, das in eurem Zimmer steht und einfach schön aussieht. Denkt einen Moment darüber nach. Das Thema heißt ‚Das ist das Liebste, was ich habe'."

Schlussreflexion:

1. Was macht Dinge für uns zu etwas Besonderem?
2. Glaubt ihr, dass es wichtig für Menschen ist, Lieblingsdinge zu besitzen? Warum oder warum nicht?
3. Was habt ihr bei diesem Gespräch über euch selbst oder jemand anderen erfahren?

©Verlag an der Ruhr
Postfach 10 22 51
45422 Mülheim an der Ruhr
www.verlagruhr.de

Soziales *Lernen*
in der
Grundschule

Etwas, das ich sehr gern tue

Ziele:

Die Kinder

✘ beschreiben eine Lieblingsbeschäftigung;

✘ erklären die Gefühle, die sie mit einer Lieblingsbeschäftigung verbinden;

✘ stellen einige der Ursachen für ihre Vorlieben und Abneigungen dar.

So geht es:

Stellen Sie das Thema vor: „Unser Thema heißt heute ‚Etwas, das ich sehr gern tue'. Es gibt sicher viele Dinge, die ihr gerne tut. Ich möchte aber, dass ihr heute nur eine Beschäftigung herausgreift, die ihr wirklich genießt, und uns darüber erzählt. Vielleicht gehört Malen zu euren Lieblingsbeschäftigungen, Geschichten schreiben oder am Computer spielen. Schwimmt ihr gerne, liebt ihr das Tanzen oder den Modellbau? Denkt einen Moment darüber nach. Meldet euch, wenn ihr bereit seid, etwas mitzuteilen, und erzählt über ‚Etwas, das ihr wirklich gerne tut'."

Schlussreflexion:

1. Welche unterschiedlichen Aktivitäten wurden im Gesprächskreis genannt?
2. Was ist der Grund dafür, dass ihr eine Beschäftigung mögt und eine andere nicht?
3. Warum mögen Menschen unterschiedliche Dinge?
4. Woher kommen unsere Vorlieben und Abneigungen, und wie entstehen sie?

©Verlag an der Ruhr
Postfach 10 22 51
45422 Mülheim an der Ruhr
www.verlagruhr.de

Soziales Lernen
in der
Grundschule

Selbstbewusstsein

Weitere Themenvorschläge für Gesprächskreise

- *Ein Mensch, den ich bewundere*
- *Ein heimlicher Wunsch*
- *Etwas, das ich gern alleine tue*
- *Der verrückteste Traum, den ich je hatte*
- *So wäre ich gern*
- *Ein wichtiges Ereignis in meinem Leben*
- *Das möchte ich gern behalten*
- *Etwas, das ich gern mit anderen tue*
- *Als ich einmal froh war, so zu sein, wie ich bin*
- *Dabei brauche ich Hilfe*
- *Mein Lieblingsort*
- *So stelle ich mir einen perfekten Samstagnachmittag vor*
- *Das mag ich an meiner Familie*
- *Das Lustigste, was mir je passiert ist*
- *Meine Lieblingsferien*
- *Was ich gern mit meiner Familie tue*
- *Mein Lieblings-Tagtraum*
- *Das Beste, was mir je passiert ist*
- *Ein Geheimnis über mich*
- *Meine Freundin/Mein Freund ist anders als ich*
- *Etwas, das ich gerne in der Schule tue*
- *Wenn ich einen Wunsch frei hätte ...*
- *Das kann ich auf jeden Fall gut*
- *Das möchte ich haben*
- *Ein besonderer Brauch in meiner Familie*
- *Ich möchte sein wie ...*

Soziales *Lernen*
in der
Grundschule

Umgang mit Gefühlen

Lernziele der Aktivitäten und Übungen:

Die Schüler

✗ entwickeln einen Wortschatz für Gefühle und üben ihn ein;

✗ erkennen Mimik und andere nonverbale Äußerungsformen als Ausdrucksmöglichkeiten für Gefühle;

✗ finden heraus, welche Situationen und Personen sie wütend machen und entwickeln konstruktive Umgangsweisen mit Wut.

In den Gesprächskreisen

✗ beschreiben die Kinder Ereignisse, die bei ihnen Glücksgefühle ausgelöst haben, und diskutieren darüber, welche Wirkung Glücksgefühle auf Arbeit und Spiel haben;

✗ beschreiben sie traurige Erfahrungen; erkennen, dass Traurigkeit ein alltägliches Gefühl ist, und sprechen über Möglichkeiten, wie sie sich wieder aufmuntern können, wenn sie traurig sind.

ABC der Gefühle

Ziele:

Die Kinder
✗ machen sich mit einer ganzen Reihe von Gefühlswörtern und ihren Bedeutungen vertraut,
✗ wenden neue Gefühlswörter an.

Material:

Für jedes Kind eine Kopie des Arbeitsblatts „ABC der Gefühle"; Schreibpapier und Stifte

So geht es:

Bitten Sie die Schüler, mit Ihnen im Brainstorming-Verfahren Wörter zu sammeln, die Gefühle ausdrücken. Schreiben Sie diese Wörter an die Tafel.

Ein Freiwilliger wählt aus dieser Liste ein Wort aus und beschreibt eine wirkliche oder mögliche Situation, in der er ein solches Gefühl erleben könnte oder erlebt hat.

Nachdem eine Reihe von Schülern verschiedene Situationen beschrieben haben, können Sie die Arbeitsblätter verteilen. Die Kinder haben dann ein paar Minuten Zeit, sich die Wörter auf der Liste anzusehen und unbekannte Wörter zu erfragen.

Jedes Kind sucht fünf Wörter aus der Liste aus und bildet damit fünf Sätze, die die richtige Bedeutung und den Zusammenhang jedes Wortes verdeutlichen. Dazu dürfen sie die folgenden Vorschläge nach Belieben benutzen:

1. Schreibt nach einem bestimmten Muster:
   „Ich fühle mich ..." *(neues Gefühlswort)*
   „Ich habe mich ... gefühlt, als/wenn ..." *(etwas, das passiert/ passierte)".*
2. Benutzt die Gefühlswörter wenn möglich als Adverb, um eine Situation zu beschreiben: **„Ich sah neidisch zu, als mein Gegner die Medaille im 100-Meter-Sprint erhielt".**
3. Erklärt in eurem Satz, warum eine Person sich so fühlt:
   „Die unglückliche Frau stapfte weitere acht Kilometer durch den Schnee, um eine Tankstelle zu finden, in der sie Benzin für ihr liegen gebliebenes Auto kaufen konnte".

Anschließend bilden die Schüler Zweiergruppen und lesen sich gegenseitig die Sätze vor. Fordern Sie die Partner zu Rückmeldungen auf. Schließen Sie das Thema mit einer allgemeinen Diskussion ab.

1. Warum ist es von Vorteil, viele Gefühlswörter zu kennen?
2. Welchen Sinn macht es, verschiedene Wörter für ganz ähnliche Gefühle zu haben?
3. Welche Gefühle, die auf der Liste stehen, habt ihr schon einmal erlebt, ohne dass ihr das Wort dafür kanntet? Welche Gefühle habt ihr noch nie erlebt, obwohl ihr das Wort dafür kanntet?

Arbeitsblatt

ABC der Gefühle

a
aufgeregt
ängstlich
ausgelassen
angenehm
ärgerlich
ausgehungert
angegriffen
angenommen
abgelehnt
angespannt
ausgeglichen
abgestoßen
angezogen
angestachelt
aufgewühlt

b
betrogen
bärenstark
begeistert
bestürzt
beklommen
bedrückt
beruhigt
besorgt
beschämt
betäubt
berührt
bitter
bekümmert
benommen

d
doof
dankbar
down
dreckig
deprimiert
durstig

e
eklig
energisch

elend
erfreut
erniedrigt
erledigt
eingesperrt
enttäuscht
einsam
entsetzt
entspannt
entzückt
erwartungsvoll

f
fantastisch
feurig
fein
fest
federleicht
feige
falsch
fit
frei
freudig
froh
fürchterlich
feierlich
fremd
frustriert

g
gut
griesgrämig
grau
garstig
gehässig
gierig
genervt
gereizt
gleichgültig
gehemmt
glücklich
gedemütigt

h
heiter
hitzig
hilflos
hasserfüllt
hungrig
hellwach

k
klein
kitzelig
kaputt
kalt
konfus
kühn
komisch

l
lustig
langweilig
launig
lästig
leidend
lächerlich
leidenschaftlich
leichtsinnig
lässig
leicht
lebensfroh

m
mies
mutig
munter
mitleidig
müde
mitgenommen
mulmig

n
neugierig
nörgelig
nervös
neidisch
niedergeschlagen

o
offen
okay
ohnmächtig
optimistisch

p
prima
paradiesisch
prickelnd
positiv
plump
peinlich
pessimistisch

q
quirlig

r
ratlos
rastlos
ruhig
rauh
rachedurstig
respektvoll
rasend

s
sicher
sauer
schwindelig
schändlich
scheu
schal
spaßig
schüchtern
seltsam
schmerzhaft
super

t
traurig
trist
toll
tapfer
träge

tranig
tollpatschig

u
überlegen
unzufrieden
ulkig
umtriebig
übermüdet
überrascht
unkonzentriert
unschlüssig
unheimlich
unangenehm
unerträglich
unruhig
übel

v
verletzt
versöhnt
verwundert
verloren
verlegen
verwirrt
vorsichtig
verantwortlich
verzweifelt

w
wütend
wild
wohl
wahnsinnig
wundervoll

z
zerstreut
zermürbt
zärtlich
zart
zornig

Soziales *Lernen* *in der* **Grundschule**

Mienenspiel

Ziele: | **Die Kinder**
✗ entdecken verschiedene Gefühle und assoziieren sie mit entsprechenden Gefühlswörtern;
✗ erinnern Ereignisse, bei denen sie verschiedene Gefühle erfahren haben, und teilen sie den anderen mit.

Material: Pappteller, flache Holzstäbchen (z.B. Eisstiele oder Spatel), Scheren, Bunt- oder Filzstifte, Kleber

So geht es: Nachdem Sie die Aufmerksamkeit der Kinder gewonnen haben, bitten Sie sie, gut zuzuhören, während Sie das folgende Gedicht vorlesen. Dabei sollen die Schüler auf die Gefühle achten, die im Gedicht genannt werden, und sich so viele wie möglich davon merken.

„Wütend auf Martin,
verliebt in Ruth,
ich steck' voller Gefühle,
was soll ich nur tun?

Stolz auf mein Bild,
neidisch auf dein Rad,
ich zeig meine Gefühle
und verstecke sie auch.

Froh über den Sieg,
traurig, wenn ich verliere.
Ich wechsle meine Gefühle
wie ein Paar Schuhe.

Müde am Morgen,
hungrig am Mittag.
Hast du auch Gefühle,
die dich stören?

Deprimiert durch die Note,
ängstlich im Dunkeln.
Warum all diese Gefühle...
Wozu sind sie gut?

Neugierig auf Geheimnisse,
amüsiert durch Comics.
Wenn dir Gefühle fehlen,
geb ich dir ein paar von mir.

Aufgeregt am Geburtstag,
Langeweile danach.
Gefühle verstehe ich erst
in einem Jahr oder zwei.“

Wenn Sie das Gedicht vorgelesen haben, bitten Sie die Schüler, die Gefühlswörter zu nennen, die sie erkannt haben. Betonen Sie, dass es ganz normal ist, all die Gefühle zu empfinden, die im Gedicht genannt werden, auch wenn jeder sie ein bisschen anders empfindet und ausdrückt. Schreiben Sie alle Gefühlswörter an die Tafel und fügen Sie weitere hinzu, bis auf der Liste alle der folgenden Wörter auftauchen:

froh	*traurig*	*ängstlich*
wütend	*stolz*	*aufgeregt*
durcheinander	*müde*	*überrascht*
gelangweilt	*belustigt*	*neidisch*
verliebt	*hungrig*	*deprimiert*

Die Kinder bilden Zweiergruppen. Verteilen Sie jetzt das Material zum Herstellen der Masken, und erklären Sie in Ihren Worten:

„Ihr werdet jetzt zusammen Masken herstellen, die eines der Gefühle, die an der Tafel stehen, ausdrücken. Einigt euch zuerst, welches Gefühl ihr darstellen wollt. Malt dann mit Buntstiften ein Gesicht auf den Pappteller, das dieses Gefühl zeigt. Übertreibt die Gesichtszüge, damit das Gefühl möglichst deutlich zu erkennen ist."

Führen Sie die Arbeitsschritte vor, oder zeigen Sie den Kindern eine vorbereitete Maske. Gehen Sie herum, und helfen Sie den Kindern, die Arbeitsschritte auszuführen.

Nach dem Fertigstellen der Masken schließen sich jeweils vier Paare zu einer 8er-Gruppe zusammen. Weisen Sie die Kinder an, abwechselnd ihre Masken vor das Gesicht zu halten und dabei auf eine Situation Bezug zu nehmen, in der sie das dargestellte Gefühl erlebt haben. Dabei können sie vorspielen, was sie in der jeweiligen Situation gesagt oder getan haben. Gehen Sie herum, und helfen Sie den Kindern, wenn nötig. Erinnern Sie daran, die Maske an den Partner weiterzugeben, wenn ein Kind an der Reihe war.

Schlagen Sie vor, die Masken im Raum verteilt auszustellen, damit die Schüler sie immer wieder als Hilfsmittel zum Ausdruck von Gefühlen benutzen können.
Führen Sie mit der gesamten Klasse ein Abschlussgespräch durch.

Schlussreflexion:

1. Welche Gefühle konntet ihr am leichtesten ausdrücken und erkennen? Welche am schwersten? Woran könnte das liegen?
2. Wie habt ihr euch gefühlt, als ihr eine Situation vorgespielt habt?
3. War es mit der Maske leichter, euer Gefühl zu zeigen? Warum bzw. warum nicht?
4. Warum ist es wichtig, Gefühle wahrzunehmen und sie zu zeigen?
5. Wer von euch hat darüber entschieden, wie ihr das Gefühl ausdrücken würdet? Wer entscheidet im wirklichen Leben immer?
6. Wenn bestimmte Gefühle es euch schwer machen, in der Schule mitzuarbeiten – was könnt ihr tun, damit ihr euch besser fühlt? Mit wem könnt ihr darüber reden?

Varianten:

✗ Stellen Sie die Masken alternativ aus Papiertüten her.
✗ Führen Sie den Austausch der Gruppen, die Vorführungen und die Diskussion in einem großen Kreis durch, wenn Ihre Gruppe dafür klein genug ist.
✗ Wenn die Zeit knapp ist, können Sie die Aktion auf zwei Tage verteilen. In der ersten Sitzung stellen die Kinder die Masken her, in der zweiten kommt es zum Austausch, zu Vorführungen und zur Diskussion.

Dinge, die mich wütend machen

Ziele:

Die Kinder

✘ überprüfen, welche Menschen, Umstände und Situationen sie wütend machen;

✘ beschreiben geeignete Möglichkeiten, mit denen sich Wut handhaben oder ausdrücken lässt.

Material: Eine Kopie des Arbeitsblattes „Dinge, die mich wütend machen" für jedes Kind, Tafel, Kreide

So geht es: Regen Sie bei den Schülern zunächst ein Gespräch über Wut an. Sie können dazu z.B. das Wort ‚Wut' als Impuls an die Tafel schreiben und fragen: „Hat jemand von euch heute schon dieses Gefühl gehabt?" Erlauben Sie zwei oder drei Freiwilligen, kurz zu beschreiben, was sie wütend gemacht hat. Eine andere Möglichkeit besteht darin, die Kinder über andere Wörter nachdenken zu lassen, die verschiedene Abstufungen von Wut beschreiben (gereizt, ärgerlich, rasend usw.), sie aufzuschreiben und darüber zu sprechen, wie Wut entsteht.

Teilen Sie dann die Arbeitsblätter aus. Bitten Sie die Kinder, darüber nachzudenken und aufzuschreiben, welche verschiedenen Umstände, Situationen und Menschen sie wütend machen. Weisen Sie die Schüler an, zu jeder Situation ein oder zwei geeignete Mittel zum Umgang mit der Wut zu nennen.

Ermutigen Sie in einer abschließenden Diskussion Freiwillige dazu, ein Beispiel aus ihrer Liste vorzustellen. Die anderen Kinder schlagen zusätzliche Möglichkeiten vor, wie man in den dargestellten Situationen mit der Wut umgehen kann. Halten Sie im Verlauf des Gesprächs folgende Punkte fest:

✘ Wut ist ein Grundgefühl der Menschen. Sie ist weder gut noch schlecht.

✘ Manchmal hat Wut eine Schutzfunktion.

✘ Es gibt gesunde und angemessene Mittel, mit der Wut, die wir empfinden, umzugehen.

✘ Jeder von uns ist für die eigenen Gefühle und das eigene Verhalten verantwortlich.

✘ Nicht eine Situation an sich, sondern die Art und Weise, wie wir darauf reagieren, verursacht unsere Wut und Erregung.

Schlussreflexion:

1. Welches körperliche Gefühl erlebt ihr, wenn ihr wütend seid?
2. Wie könnt ihr erkennen, dass jemand anders wütend ist?
3. Warum ist es gut, positive Umgangsweisen mit Wut zu finden?
4. Was habt ihr bei dieser Übung über den Umgang mit Wut gelernt?

©Verlag an der Ruhr
Postfach 10 22 51
45422 Mülheim an der Ruhr
www.verlagruhr.de

Soziales *Lernen*
in der
Grundschule

Arbeitsblatt

Dinge, die mich wütend machen

Viele Menschen reagieren immer wieder wütend auf die gleichen Dinge und Menschen.

Wie ist das mit dir? Gibt es bestimmte Dinge, über die du dich oft aufregst (z.B. wenn man dich nicht vorbeilässt oder dir nicht zuhört)?

✗ Zähle verschiedene Menschen und Situationen auf, die dich sehr häufig wütend machen.

✗ Schreibe dann verschiedene Möglichkeiten auf, wie du mit dem Gefühl der Wut umgehen kannst.

Situationen und Menschen

Das kann ich gegen meine Wut tun

Etwas, das mich besonders glücklich macht

Ziele:

Die Kinder

✗ beschreiben Situationen oder Ereignisse, die Glücksgefühle auslösen;

✗ sprechen darüber, wie glückliche Momente ihr Arbeiten und ihre Lernfähigkeit beeinflussen.

Stellen Sie das Thema vor:

„Das Thema unserer Stunde heißt ‚Etwas, das mich besonders glücklich macht'. Denkt über Dinge nach, die ihr besonders mögt, und erzählt uns insbesondere von einer Sache, die euch richtig glücklich macht. Das kann etwas sein, das ihr gern tut, esst oder anschaut. Es kann auch eine andere Person, z.B. einen Freund, betreffen. Es braucht nichts Großartiges zu sein, sondern einfach etwas, das euch froh sein lässt, auch wenn andere dabei nicht das Gleiche empfinden. Denkt ein paar Minuten still darüber nach. Das Thema heißt ‚Etwas, das mich besonders glücklich macht.'"

Schlussreflexion:

1. Wie könnt ihr feststellen, dass ein Mensch glücklich ist?
2. Welches Körpergefühl habt ihr, wenn ihr glücklich seid?
3. Wer entscheidet darüber, ob euch etwas glücklich macht oder nicht? Woran liegt das eurer Meinung nach?
4. Wie wirken Glücksgefühle auf euer Arbeiten und Spielen?
5. Wann seid ihr in der Schule besser – wenn ihr glücklich seid oder wenn ihr unglücklich seid? Woran könnte das liegen?

Ein trauriges Gefühl, an das ich mich erinnere

Ziele:

Die Kinder

✗ erinnern sich an traurige Erfahrungen und erzählen darüber;

✗ sprechen über Ursachen trauriger Gefühle und die Mittel dagegen.

Stellen Sie das Thema vor:

„Unser Thema heißt heute ‚Ein trauriges Gefühl, an das ich mich erinnere'.

Wir sind alle von Zeit zu Zeit traurig. Das Leben zeigt uns manchmal seine Sonnen- und manchmal auch seine Schattenseite.

Könnt ihr euch an eine Situation erinnern, in der ihr traurig wart oder Kummer hattet? Vielleicht habt ihr einen Verwandten, einen Freund oder ein Haustier verloren. Vielleicht habt ihr einen Obdachlosen gesehen, dessen Traurigkeit oder Elend euch berührt hat.

Oder es hat euch ein Film, ein Theaterstück oder eine Musik traurig gemacht.

Denkt eine Minute lang still nach, und erinnert euch an eine Situation, in der ihr traurig wart. Äußert euch anschließend, wenn ihr nachgedacht habt, zum Thema ‚Ein trauriges Gefühl, an das ich mich erinnere'.

Schlussreflexion:

1. Was lernen wir, wenn überhaupt, aus traurigen Erfahrungen?
2. Ist es klug, jede traurige Erfahrung zu vermeiden? Warum oder warum nicht?
3. Was hat Traurigkeit mit Liebe zu tun?
4. Was könnt ihr tun, um euch wieder aufzumuntern, wenn ihr traurig seid?

©Verlag an der Ruhr
Postfach 10 22 51
45422 Mülheim an der Ruhr
www.verlagruhr.de

Soziales Lernen
in der
Grundschule

Umgang mit Gefühlen

Weitere Themenvorschläge für Gesprächskreise

- *Als ich einmal glücklich war*
- *Als ich mich einmal gefürchtet habe*
- *Als ich einmal unglücklich war*
- *Wie reagiere ich, wenn ich wütend bin?*
- *Als ich meine Neugier einmal nicht unterdrücken konnte*
- *Als meine Gefühle einmal verletzt wurden*
- *Ein Lieblingsgefühl*
- *Jemand, der meine Gefühle achtet*
- *Als ich einmal aufgeregt war*
- *Eine Sache, die ich gut und schlecht zugleich fand*
- *Als ich gut mit meinen Gefühlen klarkam*
- *Eine heimliche Angst*
- *Etwas, das ich zu tun hasse*
- *Wie jemand meine Gefühle verletzt hat*
- *Wenn mir jemand sagt, dass er mich mag, fühle ich mich...*
- *Es gibt etwas in meinem Leben, über das ich froh bin*
- *Ich hätte die Gefühle von jemandem verletzen können, habe es aber nicht getan*
- *Ein Gefühl, das ich lange nicht akzeptiert habe*
- *Als ich einmal allein, aber nicht einsam war*
- *Ein Gedanke, der mich glücklich macht*
- *Als es gut war, meine Gefühle zu zeigen*
- *Ich habe jemandem gesagt, wie ich mich fühle*
- *Ich habe etwas unüberlegt getan und es später bereut*
- *Als ich meine Gefühle im Griff hatte*
- *Als ich etwas getan habe, wovor ich mich fürchtete*
- *Als ich jemandem geholfen habe, der Angst hatte*
- *Als ich mich einmal vor etwas gefürchtet habe, das dann doch Spaß gemacht hat*
- *So überwinde ich Angst*

Entscheidungen treffen

Lernziele der Aktivitäten und Übungen:

Die Schüler

✘ sehen den Entscheidungsprozess als kreativen Vorgang an, zu dem systematische Überlegungen und die Wahl zwischen mehreren Alternativen gehören, die auf festgelegten Kriterien basieren;

✘ überprüfen ihre eigenen Fortschritte bei Entscheidungsprozessen, indem sie verschiedene Entscheidungen analysieren, die sie kürzlich getroffen haben;

✘ wenden den aus vier Schritten bestehenden Entscheidungsprozess an.

In den Gesprächskreisen

✘ erkunden die Kinder, welche Vorteile es hat, an Entscheidungen mitzuwirken, die sie direkt persönlich betreffen;

✘ beschreiben sie Situationen, in denen sie zwischen zwei oder mehreren unerfreulichen Alternativen wählen mussten und sprechen über ihre Gefühle und ihr Verhalten in solchen Situationen.

Auf Nestsuche

Ziele:

Die Kinder

✘ erkennen einfache Strategien zur Problemlösung;

✘ suchen nach Alternativen in Situationen, in denen sie vor einer Entscheidung stehen.

Material:

Die Kopie eines Textes, in dem der Schwänzeltanz der Bienen beschrieben wird (in Biologiebüchern zu finden); Theaterrequisiten und Kostüme für das Rollenspiel (bei Bedarf)

So geht es:

Sollten Sie kein Biologiebuch zur Hand haben, in dem der Schwänzeltanz der Bienen beschrieben wird, können Sie auf die folgende kurze Zusammenfassung zurückgreifen:

Jede Honigbiene hat den Plan eines idealen Bienenstocks im Kopf gespeichert. Einige Hundert Arbeitsbienen – jede arbeitet dabei für sich – erkunden das Land nach einem günstigen Platz. Dazu stöbern sie in Astlöchern und zwischen Baumwurzeln herum. Sobald eine Biene eine Stelle gefunden hat, die in Frage kommt, überprüft sie deren Größe, indem sie den Umfang, die Entfernungen von einem Ende zum anderen und die Entfernung vom Eingang zu verschiedenen Punkten vermisst. Sie sucht dann dieselbe Stelle noch mehrere Male unter verschiedenen Wetterbedingungen und zu verschiedenen Tageszeiten auf.

Die Kundschafter versammeln sich nach ihren Erkundungsflügen und berichten in Form von Tänzen über ihre Entdeckungen. Die Intensität des Tanzes, mit dem sie bei den anderen Bienen ihren Platz anpreisen, spiegelt wider, in welchem Grad der jeweilige Platz dem „idealen" Bienenstock entspricht. Botschafter, die nicht so gute Neuigkeiten zu berichten haben, tanzen weniger wild und schließen sich bald dem Tanz der temperamentvolleren Bienen an. Dadurch erfahren sie, wo deren Platz liegt und fliegen aus, um ihn selbst zu erkunden. Findet er ihren Gefallen, so kehren sie zurück, um noch mehr Bienen zu überzeugen. Nach mehreren Tagen wird schließlich eine Entscheidung getroffen.

Erzählen Sie den Kindern diese Geschichte mit Ihren eigenen Worten. Vereinfachen Sie die Sprache, und betonen Sie, wie geschickt die Arbeiterbienen durch systematische Nachforschungen, Problemlösungen und Entscheidungsprozesse ihr Ziel erreichen. Demonstrieren Sie den Kindern die ideale Größe und den optimalen Abstand vom Boden, den ein Bienennest haben sollte.

©Verlag an der Ruhr
Postfach 10 22 51
45422 Mülheim an der Ruhr
www.verlagruhr.de

Soziales *Lernen*
in der
Grundschule

Markieren Sie z.B. die Mindesthöhe, die ein Nest haben muss (2 m vom Boden) an der Tafel und simulieren Sie die Tragkraft eines Nestes, indem Sie den Kindern vier, jeweils 10 l fassende Eimer oder Gefäße mit der entsprechenden Füllmenge zeigen.

Stellen Sie den Kindern die folgenden Fragen, die ihnen helfen, sich in die Geschichte hineinzuversetzen:

✗ „Wie würdet ihr euch fühlen, wenn ihr ein neues Haus bauen müsstet?"

✗ „Wie würdet ihr euch fühlen, wenn man von euch erwartete, jeden Tag auf Entdeckungen zu gehen?"

✗ „Wie würde es euch gehen, wenn ihr eine solch wichtige Aufgabe allein erfüllen müsstet?"

Jüngere Kinder werden sicherlich Spaß daran haben, die Haussuche der Bienen szenisch darzustellen. Wählen Sie ein paar Kinder aus, die Rollen der Bienen zu übernehmen. Wenn Sie Requisiten zur Verfügung haben, dürfen die Kinder sie benutzen (Fühler, Flügel, gelb-schwarz gestreifte T-Shirts usw.). Während Ihrer Erzählung schwärmen die Kundschafter aus, um neue geeignete Plätze zu finden. Halten Sie, wenn möglich, verschiedene vorher gekennzeichnete Ecken des Raumes zur Erkundung bereit. Weisen Sie die „Kundschafter" an, ihre Plätze auszumessen, indem sie sie abschreiten, rundherum fliegen usw. Lassen Sie sie danach zurückkommen und über ihre Entdeckungen in Form von Tänzen berichten. Dabei gewinnen die intensivsten Tänze nach und nach mehr Anhänger, bis eine Entscheidung getroffen ist.

Beenden Sie die Aktion. Stellen Sie heraus, durch welche Schritte die Bienen zu ihrer Entscheidung finden:

1. Indem sie viele mögliche Plätze suchen (Alternativen suchen).
2. Indem sie diese Plätze mit einem idealen Bienenstock vergleichen (Alternativen abwägen).
3. Indem sie sich für den besten Platz entscheiden (Eine Alternative wählen).

Führen Sie ein Abschlussgespräch durch.

Schlussreflexion:

1. Wie wählen Bienen den Ort, an dem sie am besten leben können?
2. Glaubt ihr, dass sie auf diese Art gute Entscheidungen treffen?
3. Warum ist es wichtig, zuerst nach verschiedenen Möglichkeiten zu suchen, bevor man sich für eine entscheidet?
4. Wie tragen die „Empfindungen" der Bienen zur Entscheidungsfindung bei?
5. Wie beeinflussen eure Gefühle die Entscheidungen, die ihr trefft?

Über Entscheidungen nachdenken

Ziele: | **Die Kinder**
✘ klären persönliche Überzeugungen und Haltungen sowie deren Einfluss auf Entscheidungen;
✘ beschreiben, auf welche Weise Entscheidungen einen selbst und andere Personen betreffen.

Material: | Für jedes Kind eine Kopie des Arbeitsblattes „Über Entscheidungen nachdenken" und einen Stift

So geht es: | Verteilen Sie die Arbeitsblätter. Während Sie die Anweisungen vorlesen, lesen die Kinder leise mit. Sprechen Sie über die verschiedenen Arten von Entscheidungen, und geben Sie zu jeder ein Beispiel an. Anschließend füllen die Kinder die Arbeitsblätter aus.

Regen Sie eine Diskussion an, und gehen Sie mit den Kindern zusammen die Liste der Entscheidungen auf dem Arbeitsblatt durch. Bitten Sie die Kinder, durch Handzeichen anzuzeigen, welche der fünf Kategorien sie für die einzelnen Entscheidungen gewählt haben. Besprechen Sie auch die Gründe für ihre Wahl. Wer möchte, kann der gesamten Gruppe etwas über die Entscheidungen erzählen, die er auf dem unteren Abschnitt des Arbeitsblatts beschrieben hat.

Schlussreflexion: | 1. Habt ihr die meisten Entscheidungen automatisch getroffen?
2. Waren viele Entscheidungen dabei, auf die ihr normalerweise keinen Einfluss habt?
3. Über welche Art von Entscheidungen denkt ihr lange nach?
4. Welche Entscheidungen werden durch eure persönlichen Überzeugungen oder Einstellungen beeinflusst?
5. Auf welche Entscheidungen haben eure Freunde Einfluss?
6. Auf welche Entscheidung haben eure Eltern Einfluss?
7. Welche Entscheidungen werden durch eure eigenen Interessen beeinflusst?
8. Was habt ihr bei dieser Übung über Entscheidungsfindung gelernt? Was habt ihr über euch selbst erfahren?

©Verlag an der Ruhr
Postfach 10 22 51
45422 Mülheim an der Ruhr
www.verlagruhr.de

Soziales *Lernen*
in der
Grundschule

Arbeitsblatt

Über Entscheidungen nachdenken

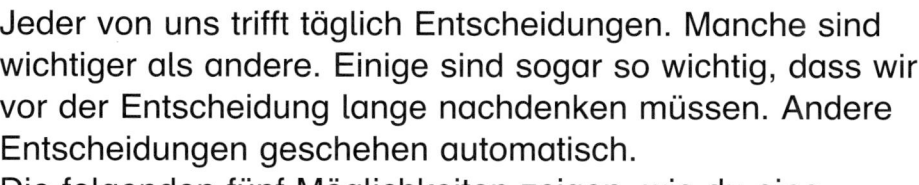

Jeder von uns trifft täglich Entscheidungen. Manche sind wichtiger als andere. Einige sind sogar so wichtig, dass wir vor der Entscheidung lange nachdenken müssen. Andere Entscheidungen geschehen automatisch.
Die folgenden fünf Möglichkeiten zeigen, wie du eine Entscheidung treffen kannst:

0 = Ich habe keinen Einfluss darauf.   **3** = Ich denke kurz darüber nach.
1 = Ich denke nicht darüber nach.   **4** = Ich prüfe die Sache.
2 = Ich denke manchmal darüber nach.   **5** = Ich prüfe die Sache sehr genau.

1. In der Liste sind verschiedene Situationen.
Schreibe vor jede die passende Zahl.

__ Die Wahrheit sagen
__ Ein Buch auswählen
__ Bitte und Danke sagen
__ Bei Rot stehen bleiben
__ Fahrrad fahren
__ Müll sortieren
__ In die Schule gehen

__ Einen Freund hinter
    seinem Rücken kritisieren
__ Entscheiden, was man wann isst
__ Für eine Klassenarbeit üben
__ Etwas Gefährliches
    oder Verbotenes tun
__ Einen Beruf wählen

2. Denke an die vergangene Woche zurück. Trage in die Zeilen ein, welche Entscheidungen du in dieser Woche getroffen hast. Versuche, zu jedem der genannten Bereiche ein passendes Beispiel zu finden.

- Eine Entscheidung, die etwas betraf, das ich tun wollte/sollte:

_____

- Eine alltägliche, gewöhnliche Entscheidung:

_____

- Eine Entscheidung, die Gesundheit und Sicherheit betraf:

_____

- Eine Entscheidung darüber, ob etwas richtig oder falsch war:

_____

 **Soziales** *Lernen*
in der
Grundschule

Entscheidungen über Entscheidungen!

Ziele:

Die Kinder

✗ benennen Alternativen in Situationen, die eine Entscheidung verlangen;

✗ klären persönliche Überzeugungen und Haltungen und stellen fest, wie diese die Entscheidungsfindung beeinflussen.

Material:

Fotokarton und Filzstifte oder Tafel und Kreide

So geht es:

Stellen Sie die Übung vor, indem Sie den Schüler sagen:

„Wir alle treffen jeden Tag viele Entscheidungen. Manchmal sind sie leicht, manchmal aber auch schwer zu treffen. Wenn uns eine Entscheidung schwerfällt, hilft es, zu wissen, welche Schritte wir unternehmen können, um zur Entscheidung zu kommen. Ich werde euch jetzt die Geschichte von einem Mädchen vorlesen, das vor einer solchen schwierigen Entscheidung steht. Lasst uns danach gemeinsam überlegen, was sie tun könnte."

Karin und Susanne sind Freundinnen. In der Schule sitzen sie nebeneinander. Karin ist gut in Mathe. Susanne mag Mathe nicht und hat Schwierigkeiten damit. Morgen will der Lehrer eine Mathearbeit schreiben lassen. Nach der Schule kommt Susanne zu Karin. Sie sieht besorgt aus. Sie fragt Karin, ob sie bei der Klassenarbeit von ihr abschreiben darf. Karin sagt nichts darauf. Aber als sie abends im Bett liegt, grübelt sie. Sie muss sich entscheiden, was sie tun soll.

Geben Sie den Kindern ein paar Minuten Zeit, über die Situation nachzudenken. Stellen Sie dann Fragen:

✗ Warum grübelt Karin?

✗ Was muss sie entscheiden?

✗ Was könnte passieren, wenn Karin Susanne abschreiben lässt?

✗ Was könnte passieren, wenn Karin ‚nein' sagt?

✗ Was könnte passieren, wenn Karin überhaupt nichts unternimmt?

✗ Würdet ihr an Karins Stelle mit jemandem darüber sprechen, bevor ihr eine Entscheidung trefft? Warum?

✗ Wie sollte sich Karin eurer Meinung nach entscheiden?

Während der Diskussion werden die Kinder zweifellos die wichtigsten Schritte, die zu einem Entscheidungsprozess gehören, herausfinden. Halten Sie sie auf einem Plakat oder an der Tafel fest.

1. Worüber soll entschieden werden? (Definition)
2. Welche Wahlmöglichkeiten habe ich? (Alternativen)

©Verlag an der Ruhr
Postfach 10 22 51
45422 Mülheim an der Ruhr
www.verlagruhr.de

Soziales *Lernen*
in der
Grundschule

3. Was könnte passieren, wenn ich die eine oder andere Wahl treffe? (Folgen)

4. Was ist die beste Entscheidung?

Lesen Sie gemeinsam mit den Schülern die verschiedenen Schritte und sprechen Sie darüber. Stellen Sie danach weitere Entscheidungssituationen vor. Bitten Sie die Kinder, so zu tun, als müssten sie selbst die Entscheidung treffen. Gehen Sie gemeinsam mit den Kindern die einzelnen Schritte durch, und stellen Sie dann die Frage, wie sie sich entscheiden würden und warum. Während der gesamten Übung und zum Abschluss sollten Diskussionen möglich sein.

Einige Fallbeispiele:

Rickys Onkel kommt am Wochenende zu Besuch. Er möchte Ricky auf eine Entdeckungsfahrt mit einem großen Boot mitnehmen. Sie würden das ganze Wochenende unterwegs sein. Ricky müsste dann beim Fussball-Training fehlen. Seine Mannschaft bereitet sich aber gerade auf die Meisterschaften vor. Er muss also eine Entscheidung treffen.

Lea mag Caroline lieber als all ihre Babysitterinnen vorher. Caroline spielt mit ihr und ihrem kleinen Bruder. Sie liest ihnen Geschichten vor und ist immer nett. Als Lea aber gestern Abend nach oben ins Badezimmer wollte, sah sie, wie Caroline sich aus dem Kühlschrank ein Glas Wein einschenkte. Caroline schien ganz aufgebracht zu sein, als sie Lea bemerkte und sagte: ‚Erzähle niemandem etwas davon, okay?'

Gregor und Paul fragen Ruben, ob er mit ihnen zum Einkaufszentrum radeln will. Sie bieten ihm an, ihn mit ins Kino zu nehmen. Ruben möchte gerne mit, aber die Bremsen an seinem Fahrrad funktionieren nicht sehr gut. Er kann zwar noch damit fahren, auf der Strecke ist aber viel Verkehr. Er muss sich entscheiden, was er tun soll.

Schlussreflexion:

1. Warum ist Rickys Entscheidung schwer? (Er muss sich zwischen zwei Dingen entscheiden, die er gern möchte und die ihm wichtig sind.)

2. Warum ist Leas Entscheidung schwierig? (Sie ist in einem Gewissenskonflikt – ihre Eltern informieren oder die Babysitterin schützen.)

3. Warum ist Rubens Entscheidung schwierig? (Er muss entscheiden, ob er seine Sicherheit für ein kleines Vergnügen aufs Spiel setzen will.)

4. Welche Gefühle hättet ihr in Rickys Situation? ... in Leas? ... in Rubens?

5. Ist es gut, sich auf sein Gefühl zu verlassen, wenn man vor einer schwierigen Entscheidung steht? Warum oder warum nicht?

Soziales *Lernen*
in der
Grundschule

Als ich einmal mitentscheiden durfte

Ziele:

Die Kinder
- ✘ beschreiben Entscheidungen, an denen sie beteiligt waren;
- ✘ erklären, wie die Beteiligung an einer Entscheidung zu einem Entschluss verpflichtet.

Stellen Sie das Thema vor:

„Unser heutiges Thema lautet ‚Als ich einmal mitentscheiden durfte'. Wir möchten alle gerne an Entscheidungen mitwirken. Wir möchten unserer Familie helfen, die Ferien zu planen, und entscheiden, welchen Film wir gemeinsam ansehen. Wir möchten beteiligt werden, wenn unsere Freunde darüber entscheiden, wie der Samstagnachmittag verbracht werden soll. Wenn eine Entscheidung auch uns betrifft, möchten wir unsere Ideen äußern und Vorschläge machen.

Erzählt uns über eine Situation, in der ihr bei einer Gruppenentscheidung mitgeholfen habt. Vielleicht habt ihr den Eltern bei der Entscheidung geholfen, euch zu Tanz- oder Musikunterricht anzumelden. Ihr könntet bei allen Entscheidungen geholfen haben, die für eine Geburtstags- oder Weihnachtsüberraschung nötig waren. Oder ihr überlegt gerade mit den Eltern, welche Sportart für euch am besten geeignet ist oder wie ihr euer Haus anstreichen sollt. Es spielt keine Rolle, ob es sich um eine große oder kleine Entscheidung handelt. Wir möchten gerne wissen, wie ihr euch dabei gefühlt und was ihr aus einer solchen Erfahrung gelernt habt. Das Thema lautet ‚Als ich einmal mitentscheiden durfte'.“

Schlussreflexion:

1. Welche Vorteile hat es, an einer Entscheidung mitzuwirken, die euch betrifft?
2. Wie bringt ihr euch normalerweise ein, wenn es um Entscheidungen geht?
3. Wie fühlt ihr euch, wenn ihr mitentscheiden dürft?

©Verlag an der Ruhr
Postfach 10 22 51
45422 Mülheim an der Ruhr
www.verlagruhr.de

Soziales *Lernen*
in der
Grundschule

Als ich einmal eine schwierige Entscheidung fällen musste

Ziele:

Die Kinder

✗ wägen die Folgen schwieriger Entscheidungen gegeneinander ab;

✗ legen allgemeine moralische Werte als Maßstab für eine Entscheidung an, wie z.B. Ehrlichkeit, Respekt und Verantwortung.

Stellen Sie das Thema vor:

„Habt ihr schon einmal vor einer Entscheidung gestanden und den Eindruck gehabt, dass ihr – ganz gleich wie eure Entscheidung ausfällt – jemanden dadurch verletzen würdet? Solche Entscheidungen sind sehr schwierig, aber manchmal müssen wir sie trotzdem fällen.

Es könnte sein, dass ihr vor der Wahl steht, die Wahrheit zu sagen oder einen Freund zu schützen. Wenn ihr die Wahrheit sagt, könnte euer Freund Schwierigkeiten bekommen. Um ihn zu schützen, müsstet ihr aber lügen.

Oder eure Mutter fragt, ob euch die Kleidungsstücke gefallen, die sie für euch gekauft hat. Sie gefallen euch aber eigentlich nicht, und ihr möchtet sie nicht tragen. Andererseits möchtet ihr aber auch nicht die Gefühle eurer Mutter verletzen.

Vielleicht muss sich eure Familie entscheiden, ob sie ein krankes oder verletztes Haustier länger leben und damit leiden oder besser einschläfern lassen soll.

Habt ihr es schon einmal vorgezogen, etwas gegen euren Willen zu tun, weil ihr die Gefühle eines Freundes nicht verletzen oder die Freundschaft nicht auf's Spiel setzen wolltet? Wenn beide Wahlmöglichkeiten schlecht sind, scheint jede Entscheidung falsch zu sein. Manchmal ist es auch sehr schwer, ehrlich zu sein. Denkt ein paar Minuten darüber nach. Das Thema heißt ‚Als ich einmal eine schwierige Entscheidung fällen musste'."

Schlussreflexion:

1. Wie fühlt ihr euch, wenn ihr eine sehr schwere Entscheidung treffen müsst? Wie fühlt ihr euch, nachdem ihr euch entschieden habt?

2. Kennt ihr ein Beispiel, wann es nicht gut ist die Wahrheit zu sagen?

3. Verletzt es euch, andere anlügen zu müssen?

4. Welchen Nutzen hat man, wenn man eine richtige Entscheidung trifft?

©Verlag an der Ruhr
Postfach 10 22 51
45422 Mülheim an der Ruhr
www.verlagruhr.de

Soziales *Lernen*
in der
Grundschule

Entscheidungen treffen

Weitere Themenvorschläge für Gesprächskreise

- *Ich habe ein Problem gelöst*
- *Ich wollte mich nicht entscheiden*
- *Ich habe über meine Entscheidung nachgedacht und bin dabei geblieben*
- *Als ich einem guten Rat gefolgt bin*
- *Ich habe vor einer Entscheidung gründlich nachgedacht*
- *Rückblick auf eine Entscheidung, die ich getroffen habe*
- *Ich musste mich neu entscheiden*
- *Was ich tun würde, wenn ich erwachsen wäre*
- *Was ich in den nächsten drei Jahren erreichen möchte*
- *So kann ich meine Ziele erreichen*
- *Wie ich selbst Geld verdient und was ich damit gemacht habe*
- *Ich habe eine Entscheidung aufgeschoben*
- *Eine Entscheidung, die ich später bereut habe*
- *Die Entscheidung eines anderen, die auch mich betraf*
- *Jemand hat mir eine Entscheidung abgenommen*
- *Die schwerste Entscheidung, die ich je getroffen habe*
- *Eine der besten Entscheidungen, die ich je getroffen habe*
- *Ich habe eine gute Entscheidung getroffen, aber ein schlechtes Ergebnis erzielt*
- *Das Schwerste daran, Entscheidungen zu treffen, ist ...*
- *Das Leichteste daran, Entscheidungen zu treffen, ist ...*
- *Was es heißt, entschlossen zu sein*
- *Als ich sicher war, das Richtige zu tun*
- *Als ich nach meinem Gefühl entschieden habe*
- *Als jemand eine unfaire Entscheidung getroffen hat*

©Verlag an der Ruhr
Postfach 10 22 51
45422 Mülheim an der Ruhr
www.verlagruhr.de

Soziales *Lernen*
in der
Grundschule

Umgang mit Stress

Lernziele der Aktivitäten und Übungen:

Die Schüler

✗ erkennen Gefühle und körperliche Empfindungen, die mit Stress verbunden sind und beschreiben Möglichkeiten des Umgangs mit Stress;

✗ bauen Stress mit Hilfe von Atemübungen ab;

✗ üben sich im positiven „Selbstgespräch", um Gedanken und Haltungen zu kontrollieren, die Stress auslösen.

In den Gesprächskreisen

✗ erkennen die Kinder Situationen, die Stress verursachen und diskutieren darüber, wie sie mit solchen Situationen fertig werden können;

✗ beschreiben Verhaltensweisen, die ihnen geholfen haben, schwierige Situationen zu bewältigen.

Stress-Merkmale

Ziele:

Die Kinder

✗ bringen Stressfaktoren mit bekannten physiologischen Reaktionen in Verbindung;

✗ beschreiben Übungen und Handlungsweisen, die Stress-Symptome dämpfen.

Material: Für jedes Kind eine Kopie des Arbeitsblattes „Stress-Alarm"

So geht es: Beginnen Sie mit den Schülern ein Gespräch über Stress und Stressfaktoren. Erklären Sie, dass Stressfaktoren Gedanken, Umstände oder Ereignisse sind, die bei einem Menschen Angst, Sorge, Spannung oder Erregung auslösen.

Stellen Sie heraus, dass der menschliche Körper starke Reaktionen zeigt, wenn er mit einem Stressfaktor konfrontiert wird. Bitten Sie die Schüler, einige der Körpersignale zu nennen, die sie an sich selbst bemerkt haben, als sie einmal angespannt oder besorgt waren. Schreiben Sie diese Symptome an die Tafel.

Verteilen Sie die Arbeitsblätter, und lesen Sie die Anleitung laut vor. Weisen Sie die Kinder an, die Körper-Skizze auf dem Blatt zu ergänzen, indem sie die verschiedenen aufgelisteten Reaktionen des Körpers einzeichnen. Schlagen Sie vor, z.B. große sorgenvolle Augen zu zeichnen oder zusammengekniffene Lippen; einen Bauch voller Schmetterlinge, zittrige Hände, aufgeblasene Lungen oder irgendetwas anderes, das den Kindern einfällt. Ermutigen Sie sie, Symbole zu verwenden und so kreativ wie möglich vorzugehen.

Anschließend bilden die Kinder 6er-Gruppen und tauschen ihre fertigen Zeichnungen aus. Stellen Sie dann die Bilder im Klassenraum aus, und führen Sie ein Abschlussgespräch durch.

Schlussreflexion:

1. Warum ist es gut, einige der Reaktionen unseres Körpers auf Stress zu kennen?
2. Was könnt ihr tun, um solche Gefühle zu dämpfen, wenn sie auftreten?
3. Was könnt ihr tun, wenn ihr Angst bekommt oder euch Sorgen macht und nicht genau wisst warum?

Arbeitsblatt

„Stress-Alarm"

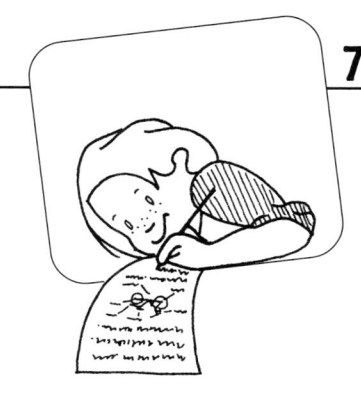

Wenn du dich fürchtest oder glaubst ein großes
Problem zu haben, schickt dein Gehirn Signale aus,
die den Körper zum Kampf oder zur Flucht
bereitmachen.
Mache dich einmal auf den Weg ins Labyrinth der
Körperreaktionen.

Zuerst bringt ein chemischer Stoff, der **Adrenalin**
genannt wird, deinen Körper auf Trab und dann ...

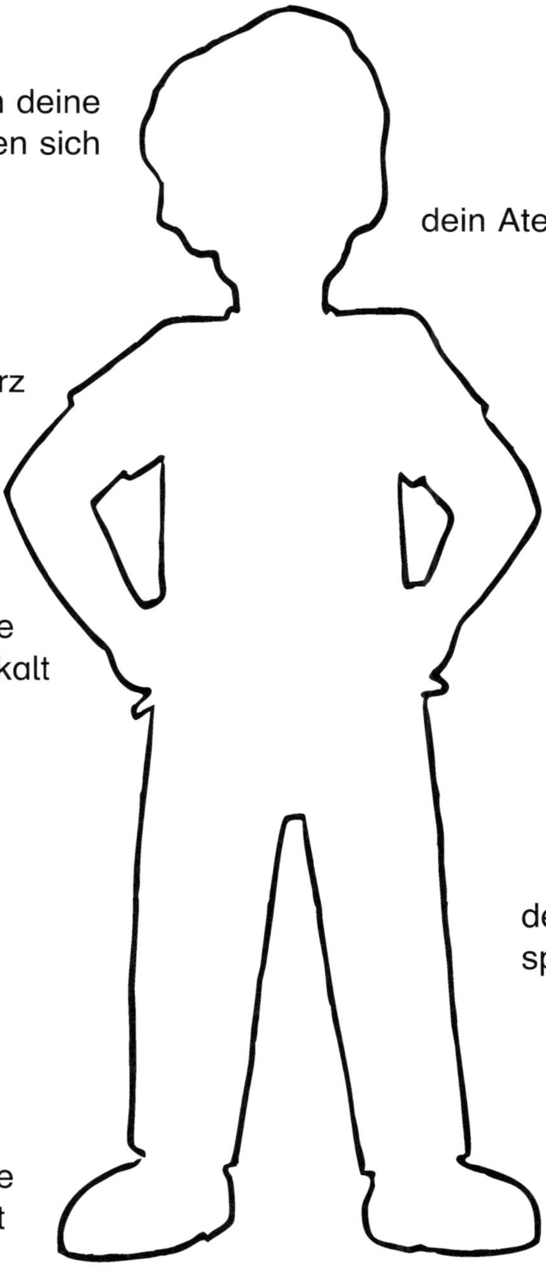

...weiten deine
Augen sich

dein Atem geht schneller

dein Herz
schlägt schneller

du hast Schmetterlinge
im Bauch

deine Hände
werden kalt

deine Muskeln
spannen sich an

deine Füße
werden kalt

Atemübungen zur Entspannung

Ziele:

Die Kinder
✗ üben tiefe Atmung, um sich zu entspannen und innerlich zu sammeln;
✗ sprechen über den Nutzen der tiefen Atmung für die Gesundheit.

So geht es:

Sprechen Sie mit den Kindern über die Vorteile des tiefen Atmens. Fordern Sie sie zu Kommentaren und Beiträgen auf, während Sie die folgenden Punkte festhalten:

✗ Tiefes Atmen entspannt. Es erleichtert Anspannung, Angst, Depression, Gereiztheit, Muskelspannung und Müdigkeit.

✗ Tiefes Atmen versorgt das Blut mit Sauerstoff und verbessert das allgemeine Wohlbefinden.

✗ Übungen zum tiefen Atmen können zu flaches Atmen, Hyperventilation, kalte Hände und Füße und Atemnot vermeiden und beheben.

✗ Tiefe Atmung ist eine hervorragende Methode, in Momenten der Anspannung Stress zu vermindern, z.B. bevor man vor einer Gruppe sprechen, eine Arbeit schreiben oder mit einer schwierigen Situation fertig werden muss.

Bitten Sie die Kinder, sich in eine stille Ecke zu setzen, hinzulegen oder zu stellen. Sie sollten sich gerade, aber nicht steif hinsetzen oder -stellen.

Bevor Sie mit der ersten Übung beginnen, sagen Sie den Kindern mit eigenen Worten:

„Achtet ganz genau auf eure Atmung. Es macht jedoch nichts, wenn eure Gedanken zu den Hausaufgaben, Pflichten, zum Fernsehen oder zu Freunden abschweifen. Lasst diese Gedanken einfach vorbeiziehen, und konzentriert euch dann wieder auf eure Atmung. Es wird euch bald immer leichter fallen, bei der Sache zu bleiben, und ihr werdet lernen, abschweifende Gedanken zu kontrollieren."
Nachdem Sie eine Übung mindestens einmal in der Klasse durchgeführt haben, können Sie die Arbeitsblätter verteilen, sodass die Schüler die Aktivität zu Hause allein durchführen können. Schlagen Sie vor, die Atemübungen zweimal am Tag, jeweils 5 bis 10 Minuten lang, durchzuführen.

©Verlag an der Ruhr
Postfach 10 22 51
45422 Mülheim an der Ruhr
www.verlagruhr.de

Soziales *Lernen*
in der
Grundschule

Natürliche Atmung

1. Setze dich aufrecht auf einen bequemen Stuhl, oder stelle dich gerade, aber entspannt hin.

2. Achte darauf, wie du atmest: Atme langsam und tief.

3. Schließe deine Augen, und atme langsam durch die Nase. Atme tief ein, sodass die Luft ganz tief in deine Lunge dringt und dein Zwerchfell die Bauchdecke wölbt, um Platz für die Luft zu schaffen. Wenn sich dann die unteren Rippen und der Brustkorb ausdehnen, füllst du den mittleren Teil der Lunge. Schließlich wölbt sich dein Brustkorb leicht, und du füllst den oberen Lungenabschnitt. Du atmest mit einem einzigen gleichmäßigen Zug ein.

4. Halte die Luft ein paar Sekunden lang an.

5. Atme dann langsam durch Nase und Mund aus. Lasse beim Ausatmen alle Spannung aus deinem Körper ausströmen.

6. Atme auf diese Weise fünf (oder mehr) Minuten tief ein und aus.

7. Öffne langsam die Augen. Bleibe noch einen Augenblick in der gleichen Haltung sitzen oder stehen.

8. Du kannst jetzt mit dem, was du gerade vorhast, entspannter weitermachen.

©Verlag an der Ruhr
Postfach 10 22 51
45422 Mülheim an der Ruhr
www.verlagruhr.de

Soziales *Lernen*
in der
Grundschule

Windmühlen-Atmung

1. Stelle dich gerade hin, und strecke die Arme nach vorne aus.

2. Atme tief in den unteren Bereich der Lunge ein, sodass dein Zwerchfell die Bauchdecke wölbt, um Platz für die Luft zu schaffen. Wenn deine unteren Rippen und der Brustkorb sich ausdehnen, lässt du Luft in den mittleren Teil der Lunge. Wenn dein Brustkorb sich leicht wölbt, füllst du auch den oberen Lungenabschnitt. Atme gleichmäßig in einem Zug ein und aus.

3. Lasse die Arme mehrere Male rückwärtskreisen.

4. Kehre die Bewegung nun um, und lasse die Arme vorwärtskreisen, oder kreise abwechselnd mit beiden Armen wie eine Windmühle.

5. Atme kräftig durch den Mund aus.

6. Nimm ein paar tiefe, reinigende Atemzüge.

Fantasiereise mit Atemübungen

Lassen Sie, wenn Sie möchten, leise, entspannende Hintergrundmusik laufen, und lesen Sie die folgende Anleitung vor:

„Lege oder setze dich bequem hin. Schließe sacht die Augen, und atme langsam ein und aus. *(Pause.)* Nimm einen tiefen Atemzug, und lasse die Luft wieder ausströmen. *(Pause.)* Atme noch einmal tief ein und aus. *(Pause.)* Atme weiter tief ein und aus. Denke an einen warmen Sommertag. *(Pause.)* Du schaust in den wundervoll blauen Himmel. *(Pause.)* Du siehst weiße, flauschige Schäfchenwolken, die großen Wattebäuschen gleichen. Zeige auf eine der dicksten Wolken. Wenn du dann deine Hand langsam wieder zurückziehst, kannst du sehen, dass die Wolke auf dich zuschwebt. *(Pause.)* Sieh ihr zu, wie sie bis fast auf den Boden segelt. Klettere hinauf. Fühle, wie weich und angenehm sie ist. Während du atmest, fühlst du, wie sanft die Wolke ist und siehst, dass sie sich langsam rosa färbt. *(Pause.)* Atme tief ein, und fülle deine Lunge mit dem Rosa der Wolke. *(Pause.)* Achte auf dein Gefühl dabei. *(Pause.)* Atme langsam ein und aus. *(Pause.)* Stelle dir jetzt deine Lieblingsfarbe vor. Siehst du, wie die Wolke jetzt diese Farbe annimmt? *(Pause.)* Nimm einen tiefen Atemzug, und atme deine Lieblingsfarbe. *(Pause.)* Beobachte, wie du dich jetzt fühlst. *(Pause.)* Atme langsam ein und aus. *(Pause.)* Lass' die Farbe noch einmal wechseln. Wie fühlt sich die neue Farbe an? *(Pause.)* Ändere ein weiteres Mal die Farbe. *(Pause.)* Achte jedes Mal darauf, wie du dich dabei fühlst. *(Pause.)* Wenn du jetzt ausatmest, dann sieh den Farben zu, die alle zusammen wie in einem Regenbogen hinausfließen. Genieße es, in deiner Regenbogen-Wolke zu liegen. *(Pause.)* Sage zu dir selbst: ‚Ich bin entspannt. **Es geht mir gut. Ich bin gesund. Die Farben sind schön und entspannend'.** *(Pause.)* Hole noch einmal tief Luft, und blase die Regenbogen-Wolke weg. Beobachte deine besondere Wolke, wie sie langsam davonschwebt. *(Pause.)* Wenn du so weit bist, öffne langsam die Augen, und sieh dich um. Strecke dich vorsichtig aus. Merkst du, wie entspannt und gut du dich fühlst?"

Positives „Selbstgespräch" in Stress-Situationen

Ziele:

Die Kinder
✗ erkennen, dass es bei Stress hilft, sich selbst gut zuzureden;
✗ beschreiben die Wirkung des „Selbstgesprächs" auf Gefühle und Leistungen.

Material:

Karteikärtchen, um Stress-Situationen aufzuschreiben (s. folgende Anleitung)

So geht es:

Führen Sie das Thema durch eine Diskussion über den Zusammenhang zwischen Stress und „Selbstgespräch" ein. Weisen Sie auf die folgenden Punkte hin, und nennen Sie Beispiele. Die Schüler sind aufgefordert, mitzuarbeiten:

✗ Reaktionen auf Stress kommen von innen.
✗ Ein „Selbstgespräch" (Dinge, die wir zu uns selbst sagen) dient als Hauptverbindung zwischen dem, was wir über uns denken und unserer Reaktion auf Stress.
✗ Meist führen wir von früh bis spät solche „Selbstgespräche".
✗ Beim „Selbstgespräch" unterhalten wir uns mit uns selbst, manchmal über uns selbst.
✗ Ob wir uns in Stress-Situationen besser oder schlechter fühlen, hängt davon ab, was wir zu uns selbst sagen.

Denken Sie sich zur Vorbereitung des Spiels eine Reihe von Situationen aus, die Kinder normalerweise zu positiven oder negativen „Selbstgesprächen" veranlassen. Schreiben Sie diese Situationen auf Karteikarten. (Nutzen Sie dazu die weiter unten aufgelisteten Situationen, fügen Sie Beispiele aus Ihrer eigenen Beobachtung hinzu, und bitten Sie die Schüler, weitere Situationen zu nennen). Legen Sie die Karten mit der beschriebenen Seite nach unten auf einen Stapel.

Ein Freiwilliger deckt die oberste Karte auf und liest die darauf beschriebene Situation laut vor. Fragen Sie, was er in einer solchen Situation zu sich selbst sagen würde. Stellt man z.B. fest, dass man eine wichtige Hausarbeit zu Hause vergessen hat, könnte man zu sich selbst sagen: „Ich würde noch meinen Kopf vergessen, wenn er nicht angewachsen wäre" oder „Der Lehrer bringt mich um".
Bitten Sie die Klasse, zu entscheiden, ob es sich dabei um positive oder negative Selbstgespräche handelt. Die Kinder können dies durch Handzeichen deutlich machen (Daumen nach oben für positive und Daumen nach unten für negative Äußerungen). Wenn es sich um eine negative Äußerung handelt, haben die Schüler die Gelegenheit, sie positiv umzuformulieren.
Hat ein Kind damit Schwierigkeiten, darf die ganze Klasse helfen.

Soziales Lernen *in der* **Grundschule**

So könnte ein Kind beispielsweise sagen:
„Ich habe heute meine Hausaufgaben vergessen, aber ich bessere mich und werde an meine Hausaufgaben und andere Dinge denken. Ich habe ein gutes Gedächtnis".

Fahren Sie mit der Übung fort, bis alle Karten gezogen sind.
Beziehen Sie so viele Kinder wie möglich mit ein. Führen Sie zum Abschluss des Spiels ein kurzes Klassengespräch durch.

Schlussreflexion:

1. Welche unterschiedlichen Gefühle habt ihr festgestellt, als ihr positive bzw. negative Gedanken hattet?
2. Was ist euch bei der Steuerung der Selbstgespräche besonders leicht und was besonders schwer gefallen?
3. Habt ihr Ideen, wie ihr kontrollieren könnt, was ihr euch einredet?

Situationen:

✗ Du vergisst, deine Hausaufgaben mit in die Schule zu bringen.

✗ Du machst bei einem Diktat in 4 von 10 Sätzen Fehler.

✗ Bei einem Quiz bekommst du 9 von 10 Punkten.

✗ Du verpasst den Schulbus.

✗ Du darfst bei einem Spiel auf dem Schulhof nicht mitspielen.

✗ Du wirst beim Völkerball abgetroffen.

✗ Du ziehst in eine neue Gegend um.

✗ Deine beste Freundin / dein bester Freund unternimmt mit jemand anderem etwas.

✗ Du kommst zu spät zur Schule.

✗ Du bekommst eine 1 in der Klassenarbeit.

✗ Eine Gruppenarbeit gelingt gut.

✗ Deine neue Frisur ist nicht so geworden, wie du sie dir vorgestellt hast.

✗ Du verschüttest beim Frühstück die Milch.

✗ Du hast ein Buch nicht zurückgegeben, das du schon vor sechs Wochen ausgeliehen hast.

✗ Du lässt dich bei der Klassensprecherwahl aufstellen, bekommst aber nicht genug Stimmen.

✗ Jemand zeigt auf den Fleck auf deinem Hemd.

✗ Du musst einen ausführlichen Bericht über ein Sachkunde-Thema fertig schreiben.

✗ Du bekommst nur eine 4 für dein Buch-Referat.

✗ Jemand bittet dich, zu babysitten.

©Verlag an der Ruhr
Postfach 10 22 51
45422 Mülheim an der Ruhr
www.verlagruhr.de

Soziales Lernen
in der
Grundschule

Etwas, das mir Stress macht

Ziele:

Die Kinder

✘ bestimmen Stress-Faktoren in ihrem Leben;

✘ beschreiben Gefühle und Empfindungen, die mit Stress verbunden sind;

✘ nennen spezifische Umgangsweisen mit Stress.

Stellen Sie das Thema vor:

„Das Thema unseres Gesprächs heißt ,Etwas, das mir Stress macht'. Passiert es euch schon einmal, dass ihr keinen Ton herausbringt? Dass ihr sauer seid oder nervös? Bekommt ihr Kopfschmerzen oder Magendrücken, obwohl ihr nicht krank seid? Es kann sein, dass Stress der Grund für solche Gefühle ist. Viele verschiedene Dinge können Stress verursachen – Angst vor einer Klassenarbeit, auf jemanden wütend sein oder nicht genug Schlaf bekommen zum Beispiel. Sogar gute Dinge können Stress machen. Zum Beispiel, wenn man gespannt auf ein besonderes Ereignis wartet. Denkt darüber nach, was euch Stress macht, und erzählt uns davon. Was löst den Stress aus, und wie beeinflusst er die Art, zu fühlen, zu denken und zu handeln? Denkt eine Weile darüber nach. Das Thema lautet ,Etwas, das mir Stress macht'.“

Schlussreflexion:

1. Macht euch oft die gleiche Art von Dingen Stress?
2. Was könnt ihr dagegen unternehmen, wenn ihr wisst, dass euch etwas wahrscheinlich Stress machen wird?
3. Sind Stressgefühle auch zu irgendetwas gut? Erklärt eure Antwort.

©Verlag an der Ruhr
Postfach 10 22 51
45422 Mülheim an der Ruhr
www.verlagruhr.de

Soziales *Lernen* in der Grundschule

Wie ich mit Stress umgehe

Ziele:

Die Kinder

✘ reden über ihre Erfahrungen mit Stress;
✘ beschreiben positive Umgangsweisen mit Stress.

Stellen Sie das Thema vor:

„Unser Thema heißt ‚Wie ich mit Stress umgehe'. Die meisten von uns kennen Mittel gegen Stress. Nennt einige von euren Mitteln. Womit helft ihr euch, wenn ihr wütend, ängstlich, gespannt oder nervös seid? Vielleicht redet ihr mit euren Eltern oder einem Freund über das, was euch Sorgen macht. Oder vielleicht macht ihr einen Spaziergang oder fahrt mit dem Fahrrad. Es kann auch helfen, eine Weile alleine mit seinem Haustier zu sein. Vielleicht versucht ihr auch, euch von der Stress-Situation abzulenken, indem ihr z.B. eine Fernsehsendung anschaut, ins Kino geht oder ein Buch lest. Erzählt uns, was ihr unternehmt und wie ihr euch dann fühlt. Denkt erst eine Weile darüber nach. Das Thema heißt: ‚Wie ich mit Stress umgehe'."

Schlussreflexion:

1. Wie fühlt ihr euch körperlich, wenn ihr Stress habt?
2. Warum ist es wichtig, positiv mit Stress umgehen zu können?
3. Kennt ihr auch negative Arten, mit Stress umzugehen? Welche?

©Verlag an der Ruhr
Postfach 10 22 51
45422 Mülheim an der Ruhr
www.verlagruhr.de

Soziales Lernen
in der
Grundschule

Umgang mit Stress

Weitere Themenvorschläge für Gesprächskreise

- *Ich bin vor Kummer krank geworden*
- *Ich habe etwas für meinen Körper getan und habe damit mein Wohlbefinden verbessert*
- *Ich habe mir über etwas Sorgen gemacht, das dann gut ausgegangen ist*
- *Als ich einmal angespannt war und eine Menge Stress hatte*
- *Das tue ich, damit es mir gut geht*
- *Ein Problem, das ich zu lösen versuche*
- *Jemand, mit dem ich reden kann, wenn ich Sorgen habe*
- *Meine Lieblingsübung für den Körper*
- *Wo ich hingehe, wenn ich alleine sein möchte*
- *So sorge ich für meinen Körper*
- *Das sage ich zu mir selbst*
- *So habe ich gelernt mich selbst zu beruhigen*
- *Musik, die mir gut tut*
- *Als ich einmal betrübt war und nicht wusste warum*

©Verlag an der Ruhr
Postfach 10 22 51
45422 Mülheim an der Ruhr
www.verlagruhr.de

Soziales *Lernen*
in der
Grundschule

Selbstbild

Lernziele der Aktivitäten und Übungen:

Die Schüler

✗ beschreiben ihre positiven Charaktereigenschaften;

✗ erkennen, wie die Aktivitäten, an denen sie sich beteiligen, und das Umfeld, in dem sie sich bewegen, ihr Selbstbild beeinflussen;

✗ geben und empfangen positive Rückmeldungen.

In den Gesprächskreisen

✗ beschreiben die Kinder eine Tat oder ein Erfolgserlebnis, auf das sie stolz sind;

✗ erkennen sie Eigenschaften oder Charakterzüge, die sie akzeptieren und an sich selbst mögen.

Positive Eigenschaften

Ziele:

Die Kinder

✘ beschreiben eigene positive Charakterzüge;

✘ zeigen eine positive Einstellung zu sich selbst;

✘ finden Interessen, Fähigkeiten und Stärken heraus, die Teil ihrer persönlichen Einzigartigkeit sind.

Material:

Stifte; für jedes Kind eine Kopie des Arbeitsblattes „ Positive Eigenschaften: Beschreibe dich selbst!"

So geht es:

Verteilen Sie die Arbeitsblätter. Lesen Sie die Arbeitsanweisung laut vor. Sagen Sie den Kindern, dass sie 10 Minuten Zeit haben das Blatt auszufüllen. Erklären Sie, dass die Kinder danach ihre Arbeitsblätter mit zwei Mitschülern austauschen dürfen.

Die Kinder beginnen, ihre Arbeitsblätter auszufüllen. Gehen Sie dabei herum, und helfen Sie, wenn nötig.

Lassen Sie die Schüler danach ihre ausgefüllten Arbeitsblätter in Dreiergruppen austauschen. Kinder, die nicht weit voneinander entfernt sitzen und sich gut verstehen, können bevorzugt zusammenarbeiten. Sagen Sie den Kindern, dass sie sich abwechselnd ihre Sätze vorlesen sollen. Geben Sie dazu jedem Kind 2 Minuten Zeit.

Nachdem die Diskussion in den Dreiergruppen beendet ist, kommt noch einmal die gesamte Klasse zu einem Abschlussgespräch zusammen.

Schlussreflexion:

1. Was ist es für ein Gefühl, vor anderen über sich selbst zu reden?
2. Warum ist es gut, etwas Nettes über sich selbst zu sagen?
3. Findet ihr, dass es komisch ist, sich selbst zu loben? Wenn ja, warum?

©Verlag an der Ruhr
Postfach 10 22 51
45422 Mülheim an der Ruhr
www.verlagruhr.de

Soziales *Lernen*
in der
Grundschule

Arbeitsblatt

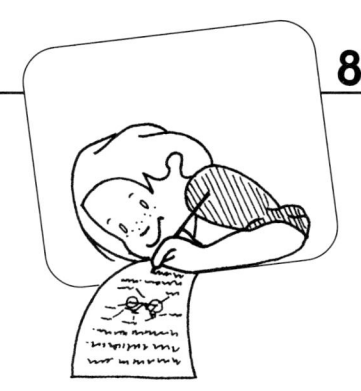

Positive Eigenschaften: Beschreibe dich selbst!

1. Hier sind drei Wörterlisten. Suche aus jeder Liste die Wörter oder Wendungen heraus, die dich selbst am besten beschreiben, oder trage selbst zusätzlich neue Wörter in die Listen ein.

1. Adjektive
freundlich

höflich

ehrlich

zuverlässig

kooperativ

kreativ

leicht zu begeistern

aufgeschlossen

_____

2. Nomen
Schüler

Junge

Mädchen

Mensch

Freund/Freundin

_____

_____

3. Verb mit Ergänzung
... andere Menschen mag

... schnell lernt

... hart arbeitet

... gut in _____ ist

... gut in der Schule ist

... super in _____ ist

... gut mit anderen klarkommt

... mit dem/der es Spaß macht zusammen zu sein

... gute Ideen hat

... _____

... _____

2. Schreibe jetzt einen Satz, der dich beschreibt. Setze die Wörter oder Wendungen, die du ausgesucht hast, in die Lücken ein:

Ich bin ein(e) _____ **und**
  (Wort aus Liste 1)

_____   _____,
  (Wort aus Liste 1)   (Wort aus Liste 2)

der/die _____
                (Wort/Wendung aus Liste 3)

und _____.
                (Wort/Wendung aus Liste 3)

Soziales *Lernen* in der Grundschule

Selbstbilder

Ziele: Die Kinder:

✗ stellen drei verschiedene Selbstbilder zeichnerisch dar;
✗ betrachten die einzelnen Bilder und sprechen darüber, welche Bedeutung sie haben und welche Gefühle sie hervorrufen.

Material: Große Blätter (rund, dreieckig oder rechteckig o.Ä.), die aus farbigem Tonkarton ausgeschnitten werden (jedes Kind erhält mindestens 3 Blätter); große weiße Poster; Bunt- oder Filzstifte, Scheren, Klebstoff

So geht es: Erklären Sie den Begriff Selbstbild. Ein Bild stellt etwas dar. Es kann sich um ein Foto oder eine Zeichnung handeln, aber auch um das Bild, das wir im Kopf haben, wenn wir an etwas wirklich Existierendes denken. Das Selbstbild gibt unsere Vorstellung von uns selbst wieder.

Erklären Sie weiter mit Ihren eigenen Worten:
„Wir können mehrere verschiedene Selbstbilder besitzen. Du hast vielleicht ein Selbstbild, das dich zu Hause mit deiner Familie zeigt, und ein ganz anderes, wenn du mit deinen Freunden Fußball spielst. Ich möchte euch heute bitten, an drei eurer liebsten Selbstbilder zu denken und sie zu zeichnen. Benutzt dann die drei Zeichnungen, und gestaltet daraus ein Poster mit dem Titel ‚Alles über mich'."

Geben Sie jedem Kind drei verschiedene Tonkarton-Bögen. Bitten Sie ein paar Schüler, Scheren, Stifte, Klebstoff und die großen Papierbögen zu verteilen. Während die Kinder sich vorbereiten, schreiben Sie folgende Liste an die Tafel:

Meine Familie und ich
Meine Freunde und ich
Mein Lieblingsplatz
Das Liebste, was ich besitze
Mein Haustier und ich
Mein Lieblingstag im Jahr
Traumferien
Mein Lieblingsspiel /-sport
Mein Lieblingsfach in der Schule
Etwas, auf das ich stolz bin

Soziales *Lernen*
in der
Grundschule

Gehen Sie die Liste mit den Schülern gemeinsam durch, und erklären Sie den Arbeitsauftrag:

„Wählt ein Thema aus der Liste, und schreibt es als Überschrift oben
auf eines eurer Blätter. Malt dann darunter ein Bild von euch selbst in
der genannten Situation. Sucht danach zwei oder mehr weitere Themen
aus, und stellt sie auf den verbleibenden Blättern dar. Wenn ihr alle
drei Blätter bemalt habt, legt ihr sie auf das Posterpapier und schiebt
sie so lange hin und her, bis euch die Anordnung gefällt. Klebt dann
die Blätter auf dem Poster fest. Die Überschrift für euer Poster heißt
‚Bilder über … (der eigene Name)‘.“

Schlussreflexion:

Gehen Sie während der Arbeitsphase herum, und stellen Sie den Kindern kurze Fragen zu ihren Bildern. Nachdem die Poster fertig sind,
halten die Kinder sie nacheinander hoch und beschreiben kurz, was auf
den einzelnen Bildern zu sehen ist. Führen Sie ein kurzes Abschlussgespräch über die Bedeutung positiver Selbstbilder durch. Stellen Sie
die Poster zum Schluss im Raum aus.

Varianten:

1. Wie fühlt ihr euch, wenn ihr ein positives Bild von euch selbst entwerft?
2. Wie fühlt ihr euch, wenn euer Selbstbild negativ ist?
3. Woher haben wir unsere Selbstbilder?
4. Warum ist es wichtig, sich selbst positiv zu sehen?

Stellen Sie verschiedene Schablonen, Fotos oder Bilder zur Verfügung,
und lassen Sie die Kinder ihre Blätter damit gestalten.
Wenn Sie mit jüngeren Kindern arbeiten, sollten Sie die Liste mehrmals
vorlesen. Gehen Sie dann herum, und helfen Sie bei der Beschriftung
der Poster.

©Verlag an der Ruhr
Postfach 10 22 51
45422 Mülheim an der Ruhr
www.verlagruhr.de

Soziales Lernen
in der
Grundschule

Erkenne deine Stärken

Ziele: **Die Kinder**
- ✘ werden sich der eigenen Stärken und der Stärken anderer bewusst;
- ✘ hören zahlreiche positive Äußerungen über sich selbst;
- ✘ üben, positive Rückmeldungen zu geben.

Material: Selbstklebende Aufkleber; für jedes Kind einen Stift und ein großes Blatt Papier (DIN A3); Zeichenkarton und Filzstifte oder Tafel und Kreide

So geht es: Sagen Sie den Kindern, dass heute ihre Stärken im Mittelpunkt stehen werden – positive Eigenschaften, Talente, Fähigkeiten und anderes mehr, was sie erfolgreich macht. Betonen Sie, dass es viele Wörter gibt, mit denen Stärken benannt werden können, und bitten Sie die Schüler, Ihnen bei der Zusammenstellung einer entsprechenden Wörter- und Satzliste zu helfen. Schreiben Sie diese Liste auf Zeichenkarton oder an die Tafel. Sie sollte die folgenden positiven Eigenschaften enthalten:

> nett, gutaussehend, großzügig, höflich, kann schnell laufen, aufgeschlossen, freundlich, schöne Haare, lustig, guter Sportler, ehrlich, kann gut Klavier spielen, schreibt tolle Geschichten, gut in Mathe, hält zu den Freunden.

Verteilen Sie Aufkleber und Stifte. Lassen Sie die Kinder für jeden Mitschüler einen Aufkleber mit dessen Initialen beschriften. Auch Sie selbst sollten daran teilnehmen. Weisen Sie die Schüler dann an, auf jeden Aufkleber eine positive Bemerkung über das jeweilige Kind zu schreiben. Dazu stellen sich die Schüler das Kind erst vor, dann schauen sie die Liste der Stärken an und beschreiben schließlich eine Eigenschaft oder Fähigkeit, die sie an diesem Kind schätzen. Gewähren Sie für die Durchführung der Aktion ausreichend Zeit.

Geben Sie danach jedem Kind ein großes Blatt Papier, und sagen Sie, dass sie ihren Namen oben auf das Blatt schreiben sollen. Versammeln Sie die Kinder dann in einem großen Kreis, und erklären Sie die Übung „Erkenne deine Stärken". Erklären Sie mit Ihren eigenen Worten: „Jeweils ein Kind darf sein Blatt im Kreis herumgeben. Wenn das Blatt dich erreicht, suchst du den Aufkleber, den du für dieses Kind geschrieben hast und klebst ihn auf das Blatt. Sieh dann das Kind an, sage seinen Namen, und beschreibe seine Stärke.

Soziales *Lernen*
in der
Grundschule

Du könntest z.B. sagen: ‚Tim, die Stärke, die ich an dir bewundere, ist Humor'. Wenn du an der Reihe bist, Äußerungen über deine Stärken zu empfangen, hörst du einfach zu und akzeptierst, was die Mitschüler dir sagen. Du kannst dich bedanken, solltest aber nicht weiter nachhaken oder Erklärungen fordern."

Beginnen Sie nun mit dem Spiel. Führen Sie anschließend ein kurzes Abschlussgespräch durch. Schlagen Sie den Kindern vor, die Poster mit ihren Stärken mit nach Hause zu nehmen, an die Wand oder Pinnwand zu hängen und oft anzuschauen.

Schlussreflexion:

1. Wie hast du dich gefühlt, als du Stärke-Botschaften empfangen hast?
2. Wie hast du dich gefühlt, als du Stärke-Botschaften gegeben hast?
3. Warum ist es wichtig für uns, unsere eigenen Stärken und die Stärken der anderen wahrzunehmen?

©Verlag an der Ruhr
Postfach 10 22 51
45422 Mülheim an der Ruhr
www.verlagruhr.de

Soziales *Lernen*
in der
Grundschule

Ich habe etwas vollbracht, auf das ich stolz bin

Ziele:

Die Kinder

✗ erkennen eigene Leistungen an;
✗ beschreiben Gefühle und körperliche Empfindungen, die mit Stolz verbunden sind.

Stellen Sie das Thema vor:

„Unser Thema heißt ‚Ich habe etwas vollbracht, auf das ich stolz bin‘. Denkt an etwas, das ihr geschafft habt und das ihr sehr gut findet. Es kann etwas sein, das ihr getan habt, wie eine Aufgabe oder Pflicht, eine sportliche Leistung oder ein besonderes Ereignis. Es kann auch etwas sein, das ihr gemacht habt, eine Zeichnung zum Beispiel, ein Modell, eine Fotografie oder ein Sammelalbum.

Vielleicht habt ihr einer Freundin, einem Freund oder einem Familienmitglied geholfen, ein Problem zu lösen. Oder ihr habt tolle Einladungen zu einer Party gebastelt, mit dem kleinen Bruder oder der kleinen Schwester gespielt, sodass eure Mutter in der Zeit etwas erledigen konnte. Vielleicht habt ihr auch ein Blech Plätzchen gebacken, ohne dass ein einziges verbrannt ist. Es kann auch sein, dass ihr gelernt habt, euer Lieblingslied fehlerfrei auf dem Klavier zu spielen. Was auch immer es war, ihr seid stolz, dass ihr es geschafft habt. Nehmt euch einen Moment Zeit nachzudenken. Das Thema heißt ‚Ich habe etwas vollbracht, auf das ich stolz bin‘.“

Schlussreflexion:

1. Auf welche Art von Dingen wart ihr stolz?
2. Was für ein Unterschied besteht zwischen sich freuen und stolz sein?
3. Welche Gefühle und Empfindungen hast du, wenn du stolz bist?

©Verlag an der Ruhr
Postfach 10 22 51
45422 Mülheim an der Ruhr
www.verlagruhr.de
Soziales *Lernen*
in der
Grundschule

Etwas, das ich an mir selbst mag

Ziele:

Die Kinder
✗ zeigen eine positive Einstellung zu sich selbst;
✗ beschreiben eigene positive Eigenschaften.

Stellen Sie das Thema vor:

„Heute sprechen wir über ein Thema, über das jeder gern redet. Wir werden über uns selbst sprechen und dabei etwas sehr Gutes und Wahres über uns selbst sagen. Das Thema heißt ‚Etwas, das ich an mir selbst mag‘.

Denkt einen Moment über euch selbst nach. Ihr besitzt so viele gute Eigenschaften, dass es vielleicht nicht so leicht sein wird, zu entscheiden, über welche man sprechen soll. Es kann sein, dass ihr glücklich seid, ihr selbst zu sein, weil euch das Lernen so leicht fällt. Oder es macht euren Freunden Spaß, mit euch zu spielen. Vielleicht mögt ihr etwas an eurem Körper, wie z.B. eure Locken oder Sommersprossen. Möglich ist auch, dass ihr stolz darauf seid, gut im Sport zu sein. Denkt eine Weile darüber nach. Meldet euch, wenn ihr bereit seid, etwas mitzuteilen. Das Thema heißt ‚Etwas, das ich an mir selbst mag‘.“

Schlussreflexion:

1. Warum ist es in Ordnung, im Gesprächskreis zu sagen, was wir an uns selbst mögen?
2. Warum ist es gut, wenn wir auf uns selbst stolz sind?
3. Wie lassen andere dich wissen, dass sie stolz auf dich sind?

©Verlag an der Ruhr
Postfach 10 22 51
45422 Mülheim an der Ruhr
www.verlagruhr.de

Soziales *Lernen*
in der
Grundschule

Selbstbild

Weitere Themenvorschläge für Gesprächskreise

- *Was andere an mir mögen*
- *Etwas, das ich gut kann*
- *Ich habe etwas getan, das mir das Gefühl gegeben hat, ein guter Mensch zu sein*
- *Wann ich mich am liebsten mag*
- *Ich habe etwas geschafft, das ich wirklich gut fand*
- *Als ich mich einmal sehr angestrengt habe und dabei erfolgreich war*
- *Als ich einmal genau wusste, dass ich etwas schaffen würde*
- *Etwas Besonderes an mir*
- *Etwas, das ich gern tue, weil es mir das Gefühl gibt, etwas zu können*
- *Etwas, das ich gern besser können möchte*
- *Das ist mir vor Kurzem gelungen*
- *Als ich einen Sieg genossen habe*
- *Als mir eine Niederlage zu schaffen machte*
- *Ich habe mir etwas ausgedacht und es dann gemacht*
- *Als jemand von mir das Beste erwartet hat*
- *Meine stärkste Seite*

©Verlag an der Ruhr
Postfach 10 22 51
45422 Mülheim an der Ruhr
www.verlagruhr.de

Soziales *Lernen*
in der
Grundschule

Verantwortungs-bewusstsein

Lernziele der Aktivitäten und Übungen:

Die Schüler

- ✗ untersuchen am Beispiel von Kinderbuchhelden verantwortungsbewusstes Verhalten und lernen so, die Bedeutung verantwortlichen Handelns zu verstehen;
- ✗ werden sich bewusst, was es heißt, sich besonders anzustrengen und sein Bestes zu geben, und beschreiben Folgen unverantwortlichen Verhaltens;
- ✗ lernen durch gezielte Übungen, Gruppendruck zu widerstehen.

In den Gesprächskreisen

- ✗ beschreiben die Kinder Situationen, in denen sie Wort gehalten haben;
- ✗ diskutieren über den Zusammenhang zwischen vertrauenswürdigem Verhalten und persönlicher Verantwortung;
- ✗ bestimmen mindestens einen Bereich aus ihrem Alltag, in dem sie Verantwortung zeigen und beschreiben die Vorteile verantwortlichen Handelns.

Was ist Verantwortungs-bewusstsein?

Ziele:

Die Kinder

✗ entdecken Verantwortungsbewusstsein bei Heldinnen und Helden aus bekannten Kinderbüchern;

✗ definieren Verantwortung und beschreiben verantwortliches Handeln.

Material:

Eine Auswahl bekannter Kinderbuchklassiker, die deutlich das verantwortungsbewusste Verhalten eines oder mehrerer Charaktere zeigen („Ronja Räubertochter", „Momo", Dorothy aus „Der Zauberer von Oz"); ein Wörterbuch; Bastel- und Schreibmaterial; ein Merkblatt und Textmarker; ein Spruchband mit der Aufschrift „Verantwortliches Handeln ist:"

So geht es:

Sagen Sie den Schülern zunächst, dass Sie eine Aufgabe für sie haben. Schreiben Sie dann das Wort „**Verantwortungsbewusstsein**" an die Tafel, lesen Sie es mit den Kindern, und sprechen Sie über die Bedeutung des Begriffs.

Hören Sie sich die Antworten der Kinder an, und betonen Sie dann, dass im Wort selbst ein wichtiger Schlüssel zum Erkennen seiner Bedeutung verborgen ist. Fragen Sie die Kinder: „Könnt ihr die beiden Wörter entdecken, die darin enthalten sind?" Sprechen Sie über die Begriffe ‚**Verantwortung**' und ‚**Bewusstsein**', und helfen Sie den Schülern, zu erkennen, dass im Wort ‚**Verantwortung**' das Wort ‚**Antwort**' steckt. Das bedeutet, eine Antwort auf etwas geben zu können und für eine Sache einzustehen. Das Wort ‚**Bewusstsein**' zusammen mit ‚**Verantwortung**' beinhaltet, dass man *sich dessen bewusst ist*, Verantwortung zu tragen.

Benutzen Sie die Vorschläge der Schüler, und schreiben Sie eine erste Definition an die Tafel. Lassen Sie dann das Wort ‚**Verantwortungsbewusstsein**' im Wörterbuch nachschlagen, und überprüfen Sie, ob sich die Lexikondefinition mit dem deckt, was die Kinder während der Diskussion herausgefunden haben. Schreiben Sie wichtige Unterschiede auf.

Entnehmen Sie Kinderbüchern Beispiele für verantwortliches Handeln. Lesen Sie gemeinsam mit den Kindern eine ihnen bereits bekannte Geschichte oder Auszüge daraus.

Stellen Sie dann folgende oder ähnliche Fragen:

✘ Wer hat in dieser Geschichte verantwortlich gehandelt?

✘ Hat sich auch jemand nicht verantwortlich (oder unverantwortlich) verhalten?

✘ Auf welche Weise hat (… Name der/des Helden) Verantwortung gezeigt?

✘ Wie würdet ihr euch an Stelle von … fühlen? (an Stelle einer Figur aus der Geschichte, die unter unverantwortlichem Verhalten zu leiden hatte)

✘ Was haltet ihr von den Charakteren, die sich unverantwortlich verhalten?

Bitten Sie die Kinder, an eine Geschichte zu denken, die sie gern mögen und in der eine Figur vorkommt, die sich verantwortlich verhält. Dazu fertigen sie eine Zeichnung an, die die betreffende Figur bei einer verantwortlichen Handlung zeigt. Weisen Sie die Kinder an, unter das Bild einen Satz oder kurzen Absatz zu schreiben, in dem sie das verantwortliche Verhalten beschreiben und der die eigene Meinung darüber zum Ausdruck bringt. Gehen Sie herum, während die Schüler zeichnen und schreiben, und geben Sie wenn nötig Ermutigung, Anerkennung und Hilfe.

Führen Sie die Kinder wieder zu ihrer ursprünglichen Definition von Verantwortungsbewusstsein zurück, und fragen Sie, ob sie glauben, dass die Definition noch verbessert werden kann. Ermöglichen Sie eine erweiterte Diskussion über die Bedeutung des Begriffs. Fügen Sie der Definition Wörter hinzu, oder schreiben Sie ein oder zwei erläuternde Sätze an die Tafel.

Schreiben Sie die revidierte Definition auf ein Merkblatt, und heften Sie es oben an ein Schwarzes Brett oder eine Pinnwand. Darüber wird ein Spruchband mit der Aufschrift „Verantwortliches Handeln ist:" befestigt. Vervollständigen Sie die Ausstellung, indem Sie auch die Bilder der Kinder dazuheften.

Schlussreflexion:

1. Ist verantwortliches Handeln Zufall oder Absicht? Erklärt.
2. Ist eine Tat verantwortlich, wenn sie nachlässig oder schlecht durchgeführt wird? Warum oder warum nicht?
3. Was müssen wir tun, damit man von uns sagt: „Das ist ein verantwortungsbewusster Mensch"?

©Verlag an der Ruhr
Postfach 10 22 51
45422 Mülheim an der Ruhr
www.verlagruhr.de

Soziales *Lernen*
in der
Grundschule

Sein Bestes geben

Ziele:

Die Kinder

✗ beschreiben Situationen, in denen sie ihr Bestes getan haben;

✗ führen auf kreative Weise vor, was passieren kann, wenn Menschen nicht ihr Bestes tun;

✗ beschreiben, was sie erreichen und verlieren, wenn sie ihr Bestes geben.

Material:

Tafel und Kreide; Kopien des Gedichtes „Es ist nicht gleich, wer ich bin"; eine einfache Melodie zum Gedicht, die vorher komponiert werden kann; Klavier, Gitarre oder andere Musikinstrumente (bei Bedarf)

So geht es:

Bitten Sie die Kinder, an eine Situation zu denken, in der sie ihr Bestes gegeben haben – das absolut Sorgfältigste, Fähigste, Beste, was sie zu der Zeit tun konnten. Sagen Sie, dass diese Anstrengung etwas sehr Großem, Bedeutendem gegolten haben kann, aber ebenso gut etwas eher Alltäglichem. Betonen Sie, dass es Ihnen auf die Art der Anstrengung, nicht auf das Endergebnis ankommt. Nennen Sie einige Beispiele:

✗ ein Projekt in der Schule

✗ ein Spiel oder Sportereignis

✗ ein bestimmter Augenblick während eines sportlichen Wettkampfs (den Wurf eines Balles o.Ä.)

✗ eine Pflicht im Haushalt

✗ Kuchen backen oder eine Speise zubereiten

✗ ein Bild malen

✗ ein Geschenk verpacken

✗ einen Tanz oder ein Musikstück vorführen

✗ ein Diktat schreiben

Bitten Sie mehrere Schüler, ihr Beispiel der Klasse mitzuteilen. Fragen Sie die Kinder, was sie von sich selbst dachten und was andere über sie gedacht haben, als sie ihr Bestes getan haben. Stellen Sie die Idee des Begriffes ‚sein Bestes geben' vor, und sprechen Sie darüber, wie man es sich angewöhnen kann, möglichst bei jeder Sache sein Bestes zu tun. Schreiben Sie folgende Liste an die Tafel:

Flugzeugpilot   Architekt oder Bauingenieur
Schulbusfahrer   Babysitter
Fußballspieler   Küchenchef / Koch
Ballettänzer   Automechaniker
Feuerwehrmann   Film- oder Fernsehschauspieler
Arzt   Streifenpolizist

Lassen Sie die Schüler 3er- oder 4er-Gruppen bilden. Kündigen Sie an, dass sich jede Gruppe eine Szene ausdenkt, die zeigt, was passieren kann, wenn einer der an der Tafel genannten Menschen nachlässig arbeitet und **nicht** sein Bestes tut.

©Verlag an der Ruhr
Postfach 10 22 51
45422 Mülheim an der Ruhr
www.verlagruhr.de

Soziales *Lernen*
in der
Grundschule

Jede Gruppe wählt einen Protokollanten und eine der genannten Berufsgruppen aus (nach Möglichkeit sollte sich jede Gruppe für einen anderen Beruf entscheiden). Schlagen Sie vor, dass jedes Team zunächst die Tätigkeit beschreibt, die die gewählte Person ausübt, und dann im Brainstorming über mögliche Folgen nachdenkt, die entstehen würden, wenn diese Person nicht ihr Bestes tun würde. Durch dieses Vorgehen sollten die Teams ausreichend Material für ein Rollenspiel gewinnen. Nachdem sich die Schüler die Szene ausgedacht haben, legen sie die Rollen fest und proben.

Lassen Sie eine Gruppe nach der anderen ihr Rollenspiel vor der Klasse vorführen. Ermöglichen Sie nach jeder Vorführung eine kurze Diskussion, in der Sie in den Mittelpunkt stellen, wie wichtig es ist, sein Bestes zu tun.

Schließen Sie die Aktion mit dem Lied „Es ist nicht gleich, wer ich bin" ab. Teilen Sie die Klasse in zwei Gruppen. Spielen oder summen Sie die Melodie mehrere Male vor.
Lassen Sie Gruppe 1 die erste Strophe (A) singen, und geben Sie Gruppe 2 den Einsatz, wenn sie die Worte „und das gilt auch für dich" singen sollen. Lassen Sie dann Gruppe 2 die zweite Strophe (B) singen. Die Kinder selbst zeigen auf Gruppe 1, wenn sie den Refrain („und das gilt auch für dich") singen sollen. Die letzte Strophe (C) singen alle zusammen. Wiederholen Sie zum Schluss noch einmal die erste Strophe. Beim Refrain zeigen die Kinder aufeinander und singen ihn laut und deutlich.

Schlussreflexion:

1. Wem hilft es, wenn wir unser Bestes tun?
2. Woran erkennen wir, ob wir unser Bestes tun?
3. Was kostet es uns, unser Bestes zu tun? Auf was, wenn überhaupt, müssen wir dabei verzichten?
4. Formt die Anstrengung für das Beste einen guten Charakter? Wie?

„Es ist nicht gleich, wer ich bin"

A.

Es ist nicht gleich, wer ich bin.
Es ist nicht gleich, was ich tue.
Es ist nicht gleich, was ich sage,
    immer und alle Tage.
Es ist nicht gleich, wer ich bin.
Es ist nicht gleich, was ich tue.
Es ist nicht gleich, was ich sage,
    und das gilt auch für dich.

B.

Es ist nicht gleich, wer du bist.
Es ist nicht gleich, was du tust.
Es ist nicht gleich, was du sagst,
    immer und alle Tage.
Es ist nicht gleich, wer du bist.
Es ist nicht gleich, was du tust.
Es ist nicht gleich, was du sagst,
    und das gilt auch für dich.

C.

Es ist nicht gleich, wer wir sind.
Es ist nicht gleich, was wir tun.
Es ist nicht gleich, was wir sagen,
    immer und alle Tage.
Es ist nicht gleich, wer wir sind.
Es ist nicht gleich, was wir tun.
Es ist nicht gleich, was wir sagen.
Ja ich weiß, das ist wahr."

(Linda K. Williams)

©Verlag an der Ruhr
Postfach 10 22 51
45422 Mülheim an der Ruhr
www.verlagruhr.de

Soziales *Lernen*
in der
Grundschule

Gruppendruck erkennen

Ziele: | **Die Kinder**
✗ beschreiben Gruppendruck als Gelegenheit, Verantwortung zu üben;
✗ untersuchen verschiedene Arten des Gruppendrucks und seine Wirkung.

Material: | Tafel und Kreide oder Zeichenkarton und Filzstifte

So geht es: | Schreiben Sie die Überschrift „Druck der Peergruppe" an die Tafel oder auf ein Poster. Rufen Sie die Schüler zusammen, und definieren Sie mit Ihren eigenen Worten den Begriff. Sagen Sie zum Beispiel: „Wer zu deiner Peergruppe gehört, gleicht dir in vielen Dingen. Die Mitglieder einer Peergruppe haben ungefähr das gleiche Alter. Sie gehen wie du zur Schule und mögen viele der Dinge, die du auch magst. Zu deiner Peergruppe gehören andere Kinder aus der Klasse. Zu meiner Peergruppe gehören andere Erwachsene, die eine Universität besucht und einen Beruf haben. Der Rektor und die Kollegen an der Schule gehören z.B. zu meiner Peergruppe.

Druck ist eine Art von Gewalt. Wenn ich z.B. die Tür aufstoße oder die Vorhänge zuziehe, mache ich das mit dem Druck meiner Hand (zeigen Sie es). Das ist eine Art von körperlichem Druck. Die Art von Druck, über die wir heute sprechen wollen, ist aber nicht körperlich. Er entsteht vielmehr durch Worte und Taten anderer Menschen. Gruppendruck ist der Druck, den deine Peergruppe durch Worte und Taten ausübt. Wenn jemand aus der Klasse versucht, dich zu etwas zu bringen, das du nicht möchtest, ist das eine Art Gruppendruck. Wenn deine Freunde dich zu etwas überreden wollen, das du zwar vielleicht möchtest, dessen du dir aber noch nicht sicher bist, ist das auch Gruppendruck. Manchmal ist Gruppendruck gut, manchmal ist er aber auch schädlich. Gruppendruck ist gut, wenn er uns dazu bringt, Dinge zu tun, die für uns gut sind – wie freundlich sein oder fair spielen. Gruppendruck ist schädlich, wenn er versucht uns zu etwas zu bringen, das falsch oder ungesund ist."

Schreiben Sie das folgende (oder ein anderes) Beispiel an die Tafel oder auf ein Plakat:

> Sebastian soll nach der Schule in die Bücherei gehen und ein paar Bücher ausleihen. Thomas und Jan versuchen, ihn zu überreden, stattdessen mit ihnen Fangen zu spielen.

Soziales *Lernen* *in der* Grundschule

Sprechen Sie mit den Schülern über das Beispiel.
Benutzen Sie dazu die folgenden oder andere Diskussionsfragen:

✗ Ist das ein Beispiel für guten oder schädlichen Gruppendruck?
✗ Ist es Gruppendruck, wenn Sebastian nein sagt und die anderen seine Antwort akzeptieren?
✗ Was glaubt ihr, wie Sebastian sich fühlt, wenn seine Freunde ihn zu etwas überreden, das er nicht tun soll?
✗ Was könnte passieren, wenn Sebastian nachgibt und Fangen spielt, anstatt zur Bücherei zu gehen?
✗ Was könnte passieren, wenn Sebastian sich weigert, mit seinen Freunden zu spielen?
✗ Was würdet ihr an Sebastians Stelle sagen? Was würdet ihr an seiner Stelle tun? Was würde vermutlich danach passieren?

Schreiben Sie nacheinander noch andere Beispiele für Gruppendruck auf. Wählen Sie dazu eigene Beispiele, bitten Sie die Kinder um Beiträge, oder benutzen Sie die weiter unten aufgeführten Vorschläge. Besprechen Sie jede einzelne Situation mit den Kindern, und stellen Sie Diskussionsfragen (wie die o.g.), die auf das Beispiel zugeschnitten sind. Schreiben Sie die Vorschläge der Schüler, wie sie auf schädlichen Gruppendruck reagieren würden, an die Tafel oder auf ein Plakat. Diskutieren Sie, ob die Vorschläge gut oder weniger gut funktionieren würden.

Nein, Danke!

Gruppendruck-Situationen:

✗ Marie möchte bei einer Klassenarbeit von Angela abschreiben.
✗ Stefan möchte, dass Clemens eine Zigarette raucht.

✗ Dennis versucht, Bernd zu überreden früher aufzustehen, damit er nicht zu spät zur Schule kommt.
✗ Miriam möchte Christina überreden, mit ihr zusammen zu einem Park zu radeln, der am anderen Ende der Stadt liegt, obwohl ihre Eltern verboten haben, so weit mit dem Fahrrad zu fahren.
✗ Corinna drängt Marina, ohne Erlaubnis die Perlenkette ihrer Mutter anzuziehen.
✗ Peter will Bairam überzeugen, dass Schule langweilig ist und er nicht so viel lernen soll.

✗ Susanne und Laura finden, dass Linda komisch ist und drängen Mona, nicht mit ihr zu reden.
✗ Mona drängt Susanne und Laura, Linda zu fragen, ob sie mit ihnen spielen möchte.
✗ Julie möchte Paul davon überzeugen, dass er Handzeichen geben soll, wenn er mit dem Fahrrad fährt.
✗ Martin und Lars sagen Benjamin, dass Jungen nicht mit Teddybären spielen, und überreden ihn, seinen Teddy in den Müll zu werfen.

Schließen Sie die Aktion ab. Betonen Sie noch einmal, dass Gruppendruck viele Formen, gute und schädliche, annehmen kann. Es ist wichtig, schädlichen Gruppendruck zu erkennen und zu wissen, wie man mit ihm umgehen kann.

Als ich einmal ein Versprechen gehalten habe

Ziele:

Die Kinder

✗ erklären, warum es gut ist, ein Versprechen zu halten;

✗ assoziieren Gefühle, die mit Ehrlichkeit verbunden sind;

✗ erkennen, wie Ehrlichkeit mit der Entwicklung von Vertrauen zusammenhängt.

Stellen Sie das Thema vor:

„Das heutige Thema lautet ‚Als ich einmal ein Versprechen gehalten habe'. Habt ihr schon einmal jemand anderem etwas versprochen und es gehalten? Habt ihr gesagt, dass ihr etwas tun oder nicht tun würdet und habt euch daran gehalten, obwohl es euch vielleicht eine Menge abverlangt hat? Vielleicht habt ihr eurem Vater versprochen, nach der Schule die Küche oder den Hof zu kehren und es auch gemacht. Oder ihr habt einem Freund versprochen, ihm am Samstag bei den Mathe-Hausaufgaben zu helfen, obwohl ihr dafür auf eine angenehmere Tätigkeit verzichten musstet. Vielleicht habt ihr auch dem Lehrer versprochen, zu versuchen, während des Unterrichts leiser zu sein, und nachdem ihr euch wirklich angestrengt habt, ist es euch auch gelungen. Oder ihr habt versprochen, etwas nicht zu tun, euch z.B. nicht mit dem Bruder oder der Schwester zu zanken, wenn ihr allein zu Hause seid. Wie habt ihr euch gefühlt, als ihr Wort gehalten habt? Hat es jemand bemerkt oder euch dafür gelobt, dass ihr euer Versprechen gehalten habt? Versucht, euch an eine Situation zu erinnern, in der ihr einmal ein Versprechen gehalten habt, und bereitet euch darauf vor, es der Gruppe mitzuteilen. Das Thema heißt ‚Als ich einmal ein Versprechen gehalten habe'.“

Schlussreflexion:

1. Warum ist es wichtig, ein Versprechen, das wir gegeben haben, auch zu halten?
2. Wie ist es für euch, wenn jemand ein Versprechen, das er euch gegeben hat, hält? ... nicht hält?
3. Welchen Einfluss hat das Einhalten oder Nicht-Einhalten eines Versprechens auf die Bereitschaft anderer, euch zu vertrauen?

So übernehme ich Verantwortung

Ziele:

Die Kinder

✗ beschreiben verantwortliches Verhalten, das sie regelmäßig zeigen;

✗ sprechen über die Vorteile, die die Entscheidung für oder gegen verantwortliches Verhalten haben kann.

Stellen Sie das Thema vor:

„Das Thema für unseren heutigen Gesprächskreis heißt ‚So übernehme ich Verantwortung'. Denkt an eine Verantwortung, die ihr übernommen habt und immer noch tragt. Das kann eine Aufgabe sein, die ihr einmal in der Woche ausübt, z.B. die Küche kehren oder die Blumen gießen. Vielleicht seid ihr verantwortlich dafür, sofort nach dem Mittagessen die Hausaufgaben zu machen oder abends noch eine halbe Stunde lesen zu üben. Ihr müsst vielleicht auch jeden Morgen dafür sorgen, rechtzeitig aufzustehen oder das Frühstück für eure Geschwister und euch selbst zuzubereiten. Verdient und spart ihr schon Taschengeld? Das ist auch eine Art von Verantwortung. Denkt, bevor wir beginnen, einen Moment lang über einen eurer Verantwortungsbereiche nach. Das Thema heißt ‚So übernehme ich Verantwortung'."

Schlussreflexion:

1. Nennt einige Möglichkeiten, Verantwortung zu übernehmen.
2. Was habt ihr gelernt, als ihr gehört habt, welche Verantwortung eure Mitschüler übernehmen?
3. Warum glaubt ihr, ist es wichtig, Verantwortung zu übernehmen?
4. Was kann passieren, wenn ihr euch nicht verantwortungsbewusst verhaltet?

Verantwortungsbewusstsein

Weitere Themenvorschläge für Gesprächskreise

- *So helfe ich in der Schule*
- *So zeige ich, dass ich ein verantwortungsbewusster Mensch bin*
- *So erweise ich anderen Respekt*
- *Als ich einmal geholfen habe, ohne gefragt worden zu sein*
- *Ein Versprechen, das schwer zu halten war*
- *Ich habe etwas zugegeben*
- *Ich habe zu etwas gestanden, von dem ich überzeugt bin*
- *Ich habe selbst ein Problem in Angriff genommen*
- *Ich habe die Wahrheit gesagt und war froh darüber*
- *Ich habe mich an eine Vereinbarung gehalten*
- *Ich habe mich an eine Verantwortung gewöhnt*
- *Als ich einmal etwas getan habe, das der Gemeinschaft geholfen hat*
- *Was ich gerne tun möchte, um die Welt zu verbessern*
- *Die Leute scheinen mich zu schätzen, wenn ich ...*
- *Jemand hat versucht, mich zu etwas zu überreden, das ich nicht wollte*
- *Ich tue mein Bestes in der Schule, wenn ...*
- *Als ich mich einmal Gruppendruck widersetzt habe*
- *So habe ich mich verändert, um ein guter Freund zu sein*
- *Eine Regel in unserer Familie*
- *Als ich „Ja" gesagt habe, obwohl ich eigentlich „Nein" sagen wollte*
- *Als ich einmal den Mut hatte, zu meinen Überzeugungen zu stehen*
- *Meine Lieblingsentschuldigung*
- *Etwas, für das ich zu Hause verantwortlich bin*
- *Als mir jemand etwas versprochen und es gehalten hat*
- *Als ich ein Versprechen einmal nicht gehalten habe*
- *Ich habe eine positive Einstellung zu etwas gewonnen, für das ich verantwortlich bin*
- *Eine Aufgabe, die ich zuerst nicht mochte, jetzt aber doch mag*
- *Eine verantwortungslose Angewohnheit, die ich mir abgewöhnt habe*
- *Eine verantwortungsvolle Angewohnheit, die ich als Erwachsener haben möchte*

Soziales *Lernen* in der **Grundschule**

Einfühlungsvermögen

Lernziele der Aktivitäten und Übungen:

Die Schüler

✗ erkennen nonverbale Äußerungen, die mit verschiedenen Gefühlen verbunden sind, indem sie diese Gefühle im Rollenspiel zum Ausdruck bringen;

✗ versetzen sich in einen anderen hinein, indem sie bewusst dessen Perspektive einnehmen;

✗ zeigen Einfühlungsvermögen, indem sie auf andere zugehen und ihre Hilfe anbieten.

In den Gesprächskreisen

✗ stellen die Kinder fest, wann sie schon einmal die Fähigkeit zuzuhören benötigt haben und sprechen darüber, wie aufmerksames Zuhören Einfühlungsvermögen signalisiert;

✗ beschreiben sie fürsorgliches Verhalten und diskutieren, wie mitfühlende Äußerungen ihnen selbst und anderen gut tun.

Spiele ein Gefühl!

Ziele:

Die Kinder
- ✗ erkennen Gefühle anhand verbaler und nonverbaler Zeichen;
- ✗ entwickeln ein passendes Vokabular für Gefühle;
- ✗ stellen fest, dass Gefühle etwas Normales und Natürliches sind;
- ✗ beschreiben die Beziehung zwischen Ereignissen und emotionalen Reaktionen darauf.

Material:

Mindestens 12 Papierstreifen; ein schwarzer Fine-Liner; eine leere Kanne

So geht es:

Sagen Sie den Kindern, dass Sie an diesem Tag an ihnen schon eine Menge verschiedener Gefühlsausdrücke beobachtet haben – genau wie an jedem anderen Tag auch. Beschreiben Sie dann eine konkrete Situation, in der Sie die Gefühle eines Kindes genau erkennen konnten, z.B. dass ein Schüler durch die Kritik oder Beleidigung eines anderen verletzt war (nennen Sie aber nicht die Namen der Beteiligten). Fragen Sie die Kinder, ob sie noch andere Zwischenfälle bemerkt haben, bei denen Gefühle eine Rolle gespielt haben. Sprechen Sie, ohne jedoch Namen zu nennen, über die verschiedenen Gefühle, die die Personen gezeigt haben.

Schreiben Sie die Gefühlswörter, die die Kinder nennen, auf Papierstreifen und stecken diese in die Kanne. Fragen Sie die Kinder nach mehreren Nennungen: „Wie könnt ihr einer Person ansehen, wie sie sich fühlt?" Kündigen Sie das Vorhaben an, die Gefühle szenisch darzustellen.

Bitten Sie Freiwillige nach vorne, die einen Zettel aus der Kanne ziehen und das Gefühl, das darauf steht, vorspielen. Betonen Sie, dass die Schüler das Gefühl pantomimisch darstellen, es aber nicht nennen dürfen. Erklären Sie, dass die übrige Klasse versuchen wird, das Gefühl zu erraten. Geben Sie möglichst vielen Kindern die Gelegenheit mitzumachen.

Schlussreflexion:

Ermöglichen Sie zwischen den einzelnen Darstellungen kurze Diskussionen. Stellen Sie nach jeder Szene folgende Fragen:
1. Was könnte eine Person veranlassen, so zu fühlen?
2. Erinnert ihr euch an eine Gelegenheit, als ihr euch so gefühlt habt? Erzählt uns in ein paar Worten, was passiert ist.

Schließen Sie die Aktion mit den folgenden Fragen ab:
1. Was habt ihr heute über Gefühle gelernt?
2. Hat jeder Mensch die Gefühle, die wir dargestellt haben? Woher könnt ihr das wissen?
3. Ist es in Ordnung, wenn ihr eines der dargestellten oder ein anderes Gefühl habt?
4. Was fühlt ihr, wenn ihr euch in die Gefühle eines anderen Menschen hineinversetzt?
5. Ist es in Ordnung, jemanden zu verletzen, wenn ihr wütend oder eifersüchtig seid? Was könnt ihr stattdessen tun?

©Verlag an der Ruhr
Postfach 10 22 51
45422 Mülheim an der Ruhr
www.verlagruhr.de

Soziales *Lernen*
in der
Grundschule

Aufeinander zugehen

Ziele:

Die Kinder

✗ nehmen die Gefühle anderer wahr und beschreiben sie;

✗ zeigen Verständnis für die Bedürfnisse von Menschen, die anders sind als sie selbst;

✗ merken, dass alle Menschen, auch jene, die sich kulturell und physisch voneinander unterscheiden, die gleiche Art von Empfindungen besitzen.

Material: Schreibmaterial für ältere Kinder; Bastelmaterial für jüngere

So geht es: Wählen Sie eine oder mehrere der folgenden Geschichten (s. S. 110/111), und lesen Sie sie den Kindern vor. Sagen Sie mit Ihren eigenen Worten: „Ich werde euch eine kurze Geschichte vorlesen. Ich möchte gerne, dass ihr über Lösungen für die Probleme nachdenkt, die die Person in der Geschichte hat."

Führen Sie mit Hilfe der vorgegebenen Fragen eine Diskussion mit der Klasse durch, nachdem Sie die Geschichte vorgelesen haben. Helfen Sie den Schülern vor allem, die Gefühle der Kinder in der Geschichte aus deren Sicht zu sehen und zu verstehen. Erklären Sie ihnen, dass man diese Art des Verstehens ‚Einfühlungsvermögen' oder ‚Mitgefühl' nennt, d.h. die Fähigkeit mit einer anderen Person mitzufühlen oder sich in sie hineinzufühlen.

Bitten Sie die Schüler, nach der Diskussion ein eigenes Ende zu der Geschichte zu schreiben (wenn Sie mehrere Geschichten vorgelesen haben, nur zu einer dieser Geschichten). Wenn Ihre Schüler noch sehr jung sind, können Sie sie auch ein Bild zu einer positiven Lösung malen lassen. Bitten Sie die Kinder, den Schluss ihrer Geschichten der Klasse vorzustellen.

©Verlag an der Ruhr
Postfach 10 22 51
45422 Mülheim an der Ruhr
www.verlagruhr.de

Soziales *Lernen*
in der
Grundschule

Metins erster Schultag

Metin betrat den Klassenraum der ersten Klasse. Er war gerade erst aus der Türkei gekommen und sprach noch kein Deutsch. Er war vorher noch nie in einer Schule gewesen und lief am ersten Tag durch die Klasse und machte Krach. Als die Lehrerin ihn bat, sich hinzusetzen, konnte er sie nicht verstehen und gab weiter komische Brummgeräusche von sich. Da begannen die anderen Kinder, zu lachen und machten auch Lärm. Die Lehrerin schimpfte mit den Kindern und sagte, dass sie fünf Minuten von ihrer Pause opfern müssten, um über ihr Benehmen zu sprechen. Während der Diskussion erklärte die Lehrerin, dass Metin kein Deutsch versteht und noch nicht weiß, wie man sich in der Schule benehmen muss. Sie bat die Kinder, Metin zu helfen ein erfolgreicher Schüler zu werden.

**Diskussions-
fragen:**

1. Was glaubt ihr, wie sich Metin als „Neuer" in der Klasse fühlt?
2. Was ist es, eurer Meinung nach, für ein Gefühl, niemanden zu verstehen?
3. Was könntet ihr tun, um Metin verständlich zu machen, wie man sich in der Schule benehmen soll?
4. Was könnte Metin tun, um den anderen Kindern zu helfen, etwas über das Leben in seinem Land zu lernen?
5. Wie könntet ihr euch mit Metin anfreunden und ihm dabei helfen, Deutsch zu lernen?

Ein Freundschaftstest

Naomi und Lisa wurden in der vierten Klasse gute Freundinnen. Sie gingen in die gleiche Klasse und wohnten im gleichen Stadtviertel. Die Mädchen nahmen zusammen Geigenunterricht und spielten nachmittags in der Fußballmannschaft des Viertels mit. Oft übernachteten sie zusammen oder luden sich gegenseitig zum Mittagessen ein. Die einzigen Probleme für die Freundinnen tauchten in den Ferien, besonders in den Winterferien auf. Naomi war Jüdin und verbrachte die Festtage mit ihrer Familie zu Hause und in der Synagoge. Beim Chanukka-Fest im Dezember wollte Naomi zu Hause bleiben, die Kerzen auf der Menora anzünden und mit dem „Dreidl" spielen. Lisa hätte gern gehabt, dass Naomi bei ihr übernachtete und mit ihr den Weihnachtsbaum schmückte. Die Mädchen fingen darüber einen großen Streit an, der fast ihre Freundschaft zerstört hätte.

**Diskussions-
fragen:**

1. Wie hätten die Mädchen eurer Meinung nach das Problem lösen können?
2. Was hätten die Familien der Mädchen unternehmen können, um bei der Lösung des Problems zu helfen?
3. Wie hätten die Mädchen ihre Unterschiede nutzen können, um ihre Freundschaft zu stärken?

Karlas Kummer

Die neunjährige Karla versuchte, in jeder neuen Schule Freunde zu finden, und das war schon die dritte Schule, die sie im vergangenen Jahr besucht hatte. Die anderen Mädchen machten sich aber über ihre alten Kleider, das manchmal ungebürstete Haar und das schmutzige Gesicht lustig. Karla lebte mit ihrem Vater und zwei Brüdern in einem alten Campingwagen. Sie reisten von einem Campingplatz zum anderen, je nachdem wo ihr Vater gerade Arbeit fand. Der Campingwagen hatte kein fließendes Wasser, sodass Karla die Waschräume des Campingplatzes benutzen musste. Dort gab es aber manchmal weder Duschen noch warmes Wasser. Auf dem Schulhof riefen sie ihr ‚Pennerin' hinterher. „Ich bin nicht obdachlos. Ich wohne mit meinem Vater in einem Campingwagen. Er nennt mich manchmal seine Prinzessin", erwiderte Karla. Schließlich rief eines der älteren Mädchen, das die Beleidigungen hörte, den anderen zu: „Hört auf, Karla zu hänseln. Sie ist die größte Künstlerin an der Schule. Ich habe die Bilder, die sie gemalt hat, am Schwarzen Brett in der Cafeteria gesehen!"

Diskussions-
fragen:

1. Was glaubt ihr, wie Karla sich gefühlt hat, als die anderen sie hänselten?
2. Warum hat das ältere Mädchen versucht, Karla zu verteidigen, indem sie den Mädchen, die sie ärgerten, widersprochen hat?
3. Was könnte Karla tun, um mit den Mädchen, die sie ärgerten, Freundschaft zu schließen?
4. Wie hätten die Mädchen Karla helfen können, als sie mit schmutzigem Gesicht zur Schule kam?

Warum Jonas nicht sprechen wollte

Jonas machte gern bei den Pfadfindern mit, wenn sie draußen spielten, Dinge aus Holz oder Papier bastelten oder Wanderungen machten. Er konnte schnell rennen, Bälle fangen und war mit seinen Händen geschickter als die meisten anderen Jungen. Wenn es aber Zeit war, das Pfadfinder-Versprechen aufzusagen oder zu diskutieren, mochte Jonas nicht mehr mitmachen. Jedes Mal, wenn er versuchte zu sprechen, begann er zu stottern: „Ich ve-ve-verspreche, z-z-zu...". Jonas gab meistens auf, bevor er einen Satz zu Ende gesagt hatte. Oft hielten die anderen Jungen sich die Hand vor den Mund und kicherten. Der Gruppenleiter versuchte, ihn zum Sprechen zu ermuntern. „Los, Jonas. Versuch's. Es muss ja nicht perfekt sein." Aber Jonas sah nur still zu Boden.

Diskussions-
fragen:

1. Wie hat sich Jonas eurer Meinung nach gefühlt, als er stotterte?
2. Was meint ihr, wie er sich fühlte, als die anderen Jungen lachten?
3. Wie hätten die Jungen ihm helfen können?
4. Wie hätte Jonas mit ihnen Freundschaft schließen können?

Soziales *Lernen*
in der
Grundschule

Mut zum Helfen

Ziele:

Die Kinder

✗ diskutieren, wie man Mitgefühl und Hilfsbereitschaft zeigen kann;

✗ üben in einer Reihe von Rollenspielen mitfühlendes und fürsorgliches Verhalten.

Material: Tafel und Kreide; eine Sammlung von Theaterrequisiten (bei Bedarf)

So geht es: Erklären Sie den Schülern, dass es viele Wege gibt, Mitgefühl und Hilfsbereitschaft zu zeigen. Bitten Sie die Kinder, darüber nachzudenken, wie sie anderen gegenüber Mitgefühl und Fürsorge zeigen können. Stellen Sie eine Liste von Wörtern und Sätzen zusammen, die Möglichkeiten der Fürsorge beschreiben, und schreiben Sie sie an die Tafel.

Vorschläge:

✗ über eigene Taten und ihre Folgen nachdenken

✗ zuhören

✗ jemanden ermuntern

✗ helfen

✗ Hilfe anbieten/ sich freiwillig melden

✗ einladen

✗ teilen

✗ lächeln

✗ auf die Schulter klopfen

✗ anerkennen

✗ danken

✗ neue Schüler einbeziehen

✗ begleiten

✗ umarmen

✗ die Hand schütteln

✗ andere fair behandeln

✗ jemandem etwas schenken

✗ jemandem etwas vorsingen

✗ einem Freund schreiben

Sprechen Sie über Szenen, die sich im Rollenspiel darstellen lassen und die ein Wort oder einen Satz aus der Liste demonstrieren. Das Beispiel „Hilfe anbieten/sich freiwillig melden" kann z.B. wie folgt dargestellt werden:

Der Lehrer stellt einen neuen Schüler vor und fragt, ob jemand bereit ist, ihm die Schule zu zeigen und ihm während der nächsten Pause beim Einrichten des Platzes zu helfen. Ein Kind meldet sich freiwillig und übernimmt die Aufgabe.

©Verlag an der Ruhr
Postfach 10 22 51
45422 Mülheim an der Ruhr
www.verlagruhr.de

Soziales *Lernen* in der **Grundschule**

Ein Kind merkt, dass die Mutter müde von der Arbeit ist und deckt freiwillig den Tisch und räumt ihn nachher wieder ab.

Diskutieren Sie die Handlung und die Dialoge, die in jede Szene eingebaut werden können. Leiten Sie dann das Rollenspiel, indem Sie zunächst freiwillige Darsteller für jede Szene suchen.

Teilen Sie die Klasse in kleine Gruppen (3–4 Schüler) auf. Jede Gruppe wählt ein Wort von der Liste an der Tafel. Sagen Sie den Gruppen, dass sie sich zwei oder drei Szenen ausdenken und vorspielen sollen, die das fürsorgliche Verhalten deutlich zeigen. Lassen Sie die Kinder für jede Rolle einen Darsteller bestimmen und die Szene proben. Achten Sie darauf, dass jeder mindestens eine Rolle übernimmt. Ebenso verfahren die Schüler auch mit den anderen Szenen, die sie sich ausdenken.

Nach den Proben führen die Gruppen ihre Rollenspiele der ganzen Klasse vor. Nach jeder Vorführung findet eine kurze Besprechung statt. Erst danach ist die nächste Gruppe an der Reihe. Fragen Sie die Schüler: „Wie haben diese Szenen gezeigt, dass fürsorgliches Verhalten wichtig ist?"

Lassen Sie die Kinder auf diese Weise alle Szenen vorspielen, und führen Sie dann mit der gesamten Klasse ein Abschlussgespräch.

Schlussreflexion:

1. Woher weißt du, wie ein anderer Mensch sich fühlt?
2. Hat das Mitgefühl für eine andere Person in eurer Szene euch geholfen zu entscheiden, wie ihr fürsorgliches Verhalten zeigen konntet?
3. Was ist Mitgefühl, und woran merkt ihr, dass es euch entgegengebracht wird?
4. Woher wisst ihr, wann ein Verhalten fürsorglich ist?
5. Wie wäre das Leben, wenn niemand für euch sorgen würde?
   ... wenn ihr selbst euch um niemanden kümmern würdet?
6. Ist es möglich, sich um Menschen zu kümmern, die man nicht kennt? Erklärt.

©Verlag an der Ruhr
Postfach 10 22 51
45422 Mülheim an der Ruhr
www.verlagruhr.de

Soziales *Lernen*
in der
Grundschule

Als ich jemandem gut zugehört habe

Ziele:

Die Kinder

✗ rufen sich Situationen in Erinnerung, in denen sie gezeigt haben, dass sie gut zuhören können;

✗ entdecken den Zusammenhang zwischen gutem Zuhören und Einfühlungsvermögen.

Stellen Sie das Thema vor:

„Die meisten von uns haben es gern, wenn jemand uns wirklich zuhört. Zuhören ist die beste Art, anderen Menschen Verständnis und Mitgefühl entgegenzubringen. Wir werden dieses Thema jetzt von verschiedenen Seiten betrachten und darüber sprechen, wie es ist, zuzuhören und jemandem Anteilnahme zu zeigen. Das Thema lautet: ‚Als ich jemandem gut zugehört habe‘.

Könnt ihr euch an eine Gelegenheit erinnern, als ihr jemandem eure Aufmerksamkeit geschenkt und derjenigen Person gut zugehört habt? Das bedeutet, dass ihr nicht mit eigenen Ideen oder Tagträumen über eigene Pläne unterbrochen habt, sondern euch wirklich konzentriert habt und versuchtet zu verstehen, was der andere fühlte und was ihn beschäftigte. Vielleicht habt ihr auf diese Weise einem Freund, dem jüngeren Bruder oder der jüngeren Schwester, einem Lehrer oder Trainer zugehört. Denkt einen Moment darüber nach. Wer möchte, erzählt dann etwas zum Thema ‚Als ich jemandem gut zugehört habe‘.“

Schlussreflexion:

1. Welche Dinge machen das Zuhören schwierig?
2. Warum ist gutes Zuhören so wichtig?
3. Was könnt ihr tun, um besser zuzuhören?
4. Woran merkt ihr, dass euch jemand wirklich zuhört?

Soziales *Lernen*
in der
Grundschule

Als ich jemandem gezeigt habe, dass ich mich um ihn kümmere

Ziele:

Die Kinder

✗ rufen sich Situationen in Erinnerung, in denen sie fürsorgliches, mitfühlendes Verhalten gezeigt haben;

✗ erkennen das fürsorgliche Verhalten anderer an, schätzen und unterstützen es.

Stellen Sie das Thema vor:

„Unser heutiges Thema heißt: ‚Als ich jemandem gezeigt habe, dass ich mich um ihn kümmere'. Es tut uns allen gut, wenn andere Menschen sich um uns kümmern. Und auch wir können beeinflussen, wie andere sich fühlen. Denkt an eine Situation, in der ihr jemandem gezeigt habt, dass ihr mit ihm fühlen könnt und für ihn sorgt. Hat der andere sich deshalb gut gefühlt? Habt ihr schon einmal versucht, einen Freund aufzumuntern, dem es schlecht ging? Vielleicht habt ihr auch schon einmal dem kleinen Bruder bei den Hausaufgaben geholfen oder der kleinen Schwester beim Schuhezubinden. Oder ihr habt den Eltern, die müde von der Arbeit kamen, geholfen, das Essen vorzubereiten. Vielleicht habt ihr auch einem Freund gesagt, dass ihr ihn verstehen könnt, weil es euch genauso ergangen ist. Wie hat der andere auf euer Mitgefühl und eure Fürsorge reagiert? Wie habt ihr selbst empfunden, was ihr getan habt? Denkt an die vielen Male, die ihr euch um jemanden gekümmert habt, und erzählt uns von einem Beispiel. Unser Thema heißt: ‚Als ich jemandem gezeigt habe, dass ich mich um ihn kümmere'."

Schlussreflexion:

1. Wie beeinflussen wir die Welt, in der wir leben, wenn wir den Menschen zeigen, dass wir sie verstehen und uns um sie kümmern?
2. Warum ist es wichtig, dass wir uns selbst als fürsorgende Menschen erleben?
3. Wie können wir lernen fürsorglich zu sein?
4. Wie können wir Einfühlungsvermögen lernen?

©Verlag an der Ruhr
Postfach 10 22 51
45422 Mülheim an der Ruhr
www.verlagruhr.de

Soziales *Lernen*
in der
Grundschule

Einfühlungsvermögen

Weitere Themenvorschläge für Gesprächskreise

- *Als ich die Gefühle einer anderen Person akzeptiert habe*
- *Er/Sie hat kein Wort gesagt, aber trotzdem wusste ich, wie er/sie sich fühlte*
- *Ich habe kein Wort gesagt, aber die anderen merkten, wie ich mich fühlte*
- *Als ich mich in die Lage von jemand anderem versetzt habe*
- *Als mir jemand leid tat, der niedergeschlagen war*
- *Ich habe jemandem geholfen, der meine Hilfe brauchte und wollte*
- *Als ich jemandem gut zugehört habe*
- *Jemand, der mich immer versteht*
- *Jemand, mit dem ich meine Gefühle teilen kann*
- *So zeige ich, dass ich mich um jemanden kümmere*
- *Als ich hätte zeigen können, dass ich mich um jemanden sorge, es aber nicht getan habe*
- *Als ich jemandem nicht zugehört habe*
- *Als mir jemand wirklich zugehört hat*
- *Als mir jemand nicht zugehört hat*
- *Einer der fürsorglichsten Menschen, die ich kenne*
- *Als jemand meine Meinung verstanden hat*
- *Als meine Meinung einmal missverstanden wurde*

Kommunikation

Lernziele der Aktivitäten und Übungen:

Die Schüler

✘ ordnen nonverbales kommunikatives Verhalten bestimmten Gefühlen zu;

✘ hören genau und aufmerksam zu;

✘ üben die doppelte Funktion der Kommunikation, indem sie die Fähigkeiten des Zuhörens und Redens einsetzen.

In den Gesprächskreisen

✘ entdecken die Kinder, wie wichtig es ist, zuzuhören, und sprechen darüber, wie sie sich fühlen, wenn jemand ihnen nicht zuhört;

✘ beschreiben die Kinder, wie sie die Aufmerksamkeit der Gesprächspartner wecken können, die Voraussetzung dafür ist, sich mitteilen zu können. Dabei unterscheiden sie zwischen positiven, wirksamen und negativen, unwirksamen Methoden.

©Verlag an der Ruhr
Postfach 10 22 51
45422 Mülheim an der Ruhr
www.verlagruhr.de

Soziales *Lernen*
in der
Grundschule

Lasse dich von deinen Gefühlen leiten!

Ziele:

Die Kinder
✗ zeigen angemessenes nonverbales Verhalten;
✗ üben, das nonverbale Verhalten anderer zu deuten.

Material:

Eine Liste mit Situationsbeschreibungen, die verschiedene Gefühle und Reaktionen zulassen, z.B.:

„Dein Lehrer erwischt dich beim Abschreiben"

„Deine Mutter sagt, dass du einen kleinen Hund haben darfst"

„Du hast deine Lieblings-CD oder -Kassette kaputt gemacht"

„Du bist allein zu Haus und hörst vor deinem Fenster seltsame Geräusche"

„Deine kleine Schwester oder dein Bruder hat dein Zimmer auf den Kopf gestellt"

„Du wurdest für besonders faires Verhalten in der Klasse gelobt"

So geht es:

Bitten Sie die Schüler, einen Kreis zu bilden. Lassen Sie sie ihre Arme ausbreiten und einander an den Fingerspitzen berühren. So entsteht ein Kreis, der genug Bewegungsfreiheit lässt.

Erklären Sie: „Wenn ich eine Situation nenne, reagiert ihr ohne Worte darauf, so wie es euch für die Situation passend erscheint. Ich sage zum Beispiel: ‚Du hast gerade im Lotto gewonnen'. Darauf könnt ihr so machen: ... (Hüpfen Sie auf und ab, reißen Sie die Arme in die Luft und staunen Sie mit offenem Mund). Zeigt ihr mir jetzt, wie ihr auf einen Lottogewinn reagieren würdet. Achtet auch auf die Reaktionen der anderen, während ihr reagiert."

Ermutigen Sie die Schüler, sich ganz in die Situation hineinzuversetzen.

Nennen Sie eine andere Situation, etwa „Deine beste Freundin/dein bester Freund ist in eine andere Stadt gezogen". Geben Sie den Kindern genug Zeit, zu reagieren. Erinnern Sie sie noch einmal daran, keine Worte zu benutzen und sich umzusehen und zu registrieren, wie sich die Reaktion der anderen Kinder von der eigenen unterscheidet.

©Verlag an der Ruhr
Postfach 10 22 51
45422 Mülheim an der Ruhr
www.verlagruhr.de

Soziales *Lernen*
in der
Grundschule

Nennen Sie eine Situation nach der anderen, bis
Sie mit der ganzen Liste durch sind.

Schlussreflexion:

1. Mit welchen Aktionen oder Gesten habt ihr auf positive Situationen
reagiert?
2. Könnt ihr euch erinnern, dass jemand auf die gleiche Situation
anders reagiert hat als ihr selbst?
3. Was ist euch am Gesichtsausdruck der anderen aufgefallen?
4. Warum ist es für die Kommunikation so wichtig, auf nonverbale
Äußerungen zu achten?

©Verlag an der Ruhr
Postfach 10 22 51
45422 Mülheim an der Ruhr
www.verlagruhr.de

Soziales *Lernen*
in der
Grundschule

Band ab!

Ziele: | **Die Kinder**
✗ zeigen, dass sie aufmerksam zuhören;
✗ beschreiben, wie wichtig gutes Zuhören für die Freundschaft, die Familie und Beziehungen ist.

Material: | Kassettenrekorder und unbespielte Kassette

Vorbereitung: Nehmen Sie während einer Arbeitsphase im Unterricht unauffällig einige beiläufige Gespräche der Schüler auf. Versuchen Sie, möglichst klare Aufnahmen einzelner Stimmen zu bekommen, die leicht wiederzuerkennen sind.

So geht es: | Lassen Sie zunächst die aufgenommenen Geräusche leise abspielen, und rufen Sie die Schüler zusammen. Schreiben Sie in großen Buchstaben **„Hört zu!"** an die Tafel. Zeigen Sie auf die Worte, und bedienen Sie sich anderer nonverbaler Zeichen, um die Kinder dazu zu bringen, die schriftliche Aufforderung zu befolgen. Lassen Sie sie eine Weile der Aufnahme lauschen. Schalten Sie das Gerät dann ab. Fragen Sie die Kinder, was sie glauben, gehört zu haben. Würdigen Sie ihre Antworten, und sagen Sie dann, dass der Kassettenrekorder ihnen bei der Arbeit „zugehört" hat. Fragen Sie die Kinder: „Auf welche besondere Art hört ein Kassettenrekorder zu?"

Helfen Sie beim Beantworten der Fragen nach, indem Sie die Schüler darauf hinweisen, dass ein Kassettenrekorder normalerweise sehr genau zuhört. Wenn er richtig funktioniert, hört ein Kassettenrekorder jedes Wort genau so, wie es gesagt worden ist. Sagen Sie den Kindern in Ihren Worten: „Wählt einen Partner, und stellt euch vor, ihr wärt der Kassettenrekorder. Wechselt euch dabei ab. Wer Kassettenrekorder ist, muss sehr genau auf jedes Wort achten, das der Partner sagt. Wenn der Partner euch dann darum bittet, die Aufnahme abzuspielen, sollt ihr – genau wie ein Kassettenrekorder – in der Lage sein, zu wiederholen, was der andere euch erzählt hat."

Lassen Sie die Kinder Partner wählen und entscheiden, wer von beiden zuerst den Kassettenrekorder spielt. Bitten Sie die „Kassettenrekorder", ihre Hände zu heben. Erklären Sie, dass alle anderen Kinder zuerst sprechen werden und dass Sie ein Zeichen geben, wenn nach einer Minute die Zeit abgelaufen ist. Kündigen Sie das Thema für die Sprecher an:

„Was ich heute nach der Schule tun werde".

Sagen Sie den Sprechern, dass sie anfangen sollen, zu reden, und bitten Sie die „Kassettenrekorder", die Aufnahme zu starten. Beenden Sie die Aktion nach einer Minute. Geben Sie dann die nächste Anweisung:

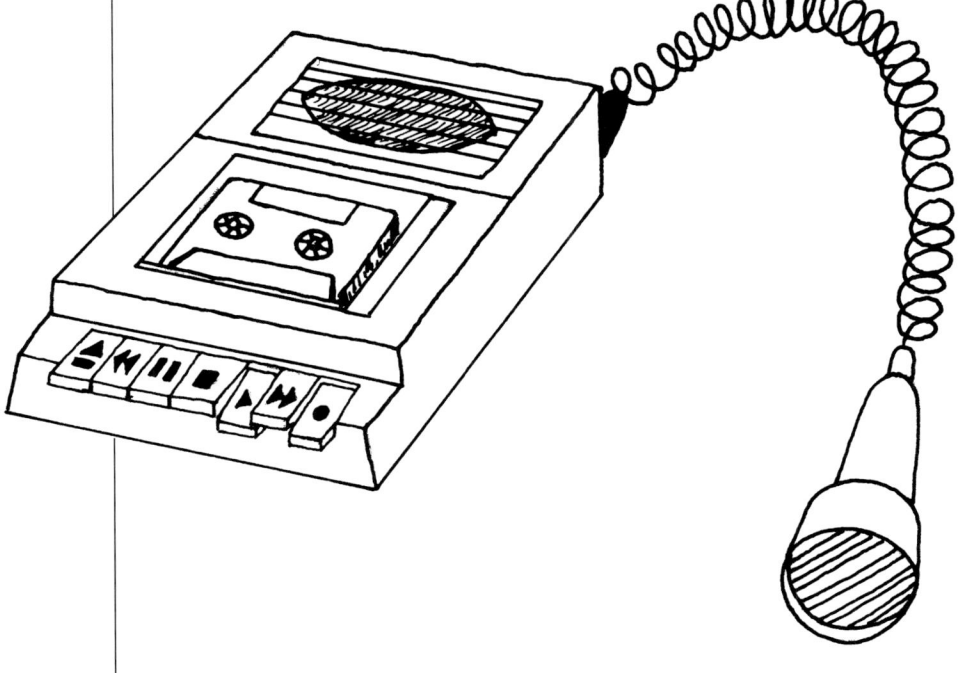

„Die ‚Kassettenrekorder' haben jetzt eine Minute
Zeit, zu wiederholen, was sie gehört haben. Die Sprecher hören zu."

Sagen Sie nach einer Minute, dass die Zeit abgelaufen ist, und stellen
Sie den Schülern Fragen:
✗ Wie war es, wie ein Kassettenrekorder zuzuhören?
✗ Sprecher, wie gut hat euer Kassettenrekorder funktioniert?
✗ Wie war es, als euch jemand so genau zugehört hat?

Lassen Sie die Kinder dann die Rollen tauschen und den Vorgang noch
einmal mit dem gleichen Thema wiederholen. Bitten Sie die Schüler
dann, neue Partner zu suchen. Führen Sie die Aktion ein weiteres Mal
mit einem anderen Thema durch (beide Partner kommen an die Reihe):

„Was ich gern an meinem Geburtstag machen möchte".

Wenn Zeit und Interesse es zulassen, können Sie weitere Runden
durchführen, die Partner tauschen lassen und in jeder Runde ein neues
Thema wählen. Führen Sie ein Abschlussgespräch, in dessen Mittelpunkt die Bedeutung guten Zuhörens steht.

Schlussreflexion:

1. Warum ist es wichtig, gut zuzuhören, wenn jemand redet?
2. Wie fühlt ihr euch, wenn euch jemand zuhört und versucht, alles zu
   verstehen, was ihr sagt?
3. Wie fühlt ihr euch, wenn die Person, mit der ihr redet, euch
   nicht zuhört?
4. Warum ist es wichtig, den Eltern zuzuhören? ... dem Lehrer?
   ... den Freunden?
5. Kann gutes Zuhören helfen, Probleme und Konflikte zwischen
   Menschen zu lösen? Wie?

©Verlag an der Ruhr
Postfach 10 22 51
45422 Mülheim an der Ruhr
www.verlagruhr.de

Soziales *Lernen*
in der
Grundschule

Kommunikation zählt!

Ziele: | **Die Kinder**
- ✗ definieren den Begriff Kommunikation und finden heraus, auf welche Weise Menschen miteinander kommunizieren;
- ✗ stellen Regeln für effektives Zuhören und Reden auf;
- ✗ zeigen in einer Partnerübung gutes Zuhören und Sprechen.

Material: | Tafel und Kreide

So geht es: | Schreiben Sie das Wort „Kommunikation" an die Tafel. Erklären Sie, dass „Kommunikation" bedeutet, Botschaften zu senden und zu empfangen. Bitten Sie die Kinder, darüber nachzudenken, auf welche Art Menschen miteinander kommunizieren können (von Angesicht zu Angesicht sprechen, telefonieren, schreiben, per Computer, Fernsehen, Radio, Zeichensprache, Körpersprache usw.).

Bitten Sie zwei Freiwillige nach vorne. Bitten Sie sie, etwas zueinander zu sagen. Betonen Sie, dass es immer einen Sprecher und einen Zuhörer gibt, wenn zwei Menschen sich unterhalten. Wenn eine Person redet, hört die andere zu. Normalerweise wechseln beide sich dabei ab. Sagen Sie den Kindern, dass kommunikative Menschen gut zuhören und gut reden können. Dies sind Fähigkeiten, die jeder lernen kann.

Bitten Sie die Kinder, Ihnen dabei zu helfen, eine Liste mit Regeln für gutes Zuhören aufzustellen. Schlagen Sie vor, dass die Kinder an jemanden denken, der ihnen gut zuhört, und beschreiben, welche Dinge diese Person dabei tut. Schreiben Sie die Ideen an die Tafel, und achten Sie darauf, dass folgende Punkte enthalten sind:
- ✗ Sieh den Sprecher an;
- ✗ Denke darüber nach, was der Sprecher sagt, und versuche, es nachzuvollziehen;
- ✗ Unterbrich nicht;
- ✗ Zeige dem Sprecher durch Nicken, Lächeln, kurze Kommentare („Das ist schlau", „Das ist ein Witz" oder „Das ist ja schlimm"), dass du zuhörst. Frage nach, wenn du nicht verstehst, was der Sprecher sagt.

Fordern Sie jetzt die Kinder auf, Ihnen zu helfen, eine Liste mit Regeln für gutes Sprechen aufzustellen. Diesmal sollen die Kinder an jemanden denken, der gut reden kann, und beschreiben, was diese Person dabei tut. Schreiben Sie die Ideen der Kinder an die Tafel.

©Verlag an der Ruhr
Postfach 10 22 51
45422 Mülheim an der Ruhr
www.verlagruhr.de

Soziales *Lernen* *in der* **Grundschule**

Die Liste sollte Folgendes beinhalten:

✗ Denke erst darüber nach, was du sagen willst;

✗ Sprich laut und deutlich genug, damit du verstanden wirst, schreie aber nicht;

✗ Teile die Redezeit gerecht mit der anderen Person;

✗ Wechsle nicht das Thema, außer wenn der Gesprächspartner einverstanden ist.

Schreiben Sie einige Themen an die Tafel, an denen die Schüler in einer Partnerübung Kommunikation üben können. Zum Beispiel:

1. Eine Klassenregel, die du schätzt und wie sie dir hilft.

2. Eine Klassenregel, die du nicht magst und wie du sie ändern würdest.

3. Warum es wichtig ist, anderen Komplimente zu machen, und warum es gut tut, ein Kompliment zu bekommen.

4. Andere Kommunikationsmethoden, die du benutzt, wie z.B. Briefe schreiben und bekommen.

5. Dein Haustier und wie du es erziehst und für es sorgst.

Die Kinder setzen sich zu zweit zusammen. Bitten Sie sie, zu entscheiden, wer A und wer B ist. Kündigen Sie an, dass A mit der Konversation beginnt und ein Gesprächsthema wählt. Sagen Sie, dass die Bs sich an der Konversation beteiligen sollen, indem sie zuerst gute Zuhörer und, wenn sie mit Sprechen an der Reihe sind, auch gute Sprecher sein sollen. Wiederholen Sie die Regeln für das Zuhören und Reden.

Erlauben Sie den Partnern zwei bis vier Minuten zu sprechen, je nachdem wie stark ihr Interesse ist. Bitten Sie dann alle Bs ein neues Gespräch zu beginnen, wobei sie ein anderes Thema wählen. Wiederholen Sie, wenn nötig, den Ablauf und die Regeln.

Stellen Sie in einer Abschlussdiskussion Fragen, die die Schüler ermutigen, über ihre Erfahrungen zu sprechen.

Schlussreflexion:

1. Welche Regeln für gutes Zuhören waren am leichtesten zu befolgen? ... welche am schwersten?

2. Welche Regeln für gutes Sprechen waren am leichtesten zu befolgen? ... welche am schwersten?

3. Gibt es Regeln, die ihr nicht versteht?

4. Wie habt ihr euch gefühlt, als ihr zugehört habt?

5. Wie habt ihr euch gefühlt, als ihr gesprochen habt?

6. Wie fühlt ihr euch, wenn euch jemand gut zuhört?

7. Wie kann es euch in der Schule helfen, ein guter Zuhörer zu sein? ... bei der Freundschaft? ... in der Familie?

8. Wozu ist es hilfreich, gut reden zu können?

©Verlag an der Ruhr
Postfach 10 22 51
45422 Mülheim an der Ruhr
www.verlagruhr.de

Soziales Lernen
in der
Grundschule

Als mir einmal jemand nicht zugehört hat

Ziele:

Die Kinder

✗ geben ein Beispiel für misslungene Kommunikation durch schlechtes Zuhören wieder;

✗ diskutieren, warum Zuhören für gute Kommunikation wichtig ist.

Stellen Sie das Thema vor:

„Heute sprechen wir darüber, wie es passieren kann, dass jemand von einem Gespräch sehr enttäuscht wird oder die gewünschte Kommunikation gar nicht zu Stande kommt. Das Thema heißt: ‚Als mir einmal jemand nicht zugehört hat'.

Habt ihr schon einmal versucht, jemanden zum Zuhören zu bewegt, und es nicht geschafft? Erzählt uns davon. Vielleicht seid ihr einmal nach Hause gekommen und wolltet eurer Familie von einem spannenden Erlebnis berichten, aber niemand hat sich genug Zeit genommen, euch zuzuhören. Vielleicht hattet ihr auch beim Einkauf eine Frage, aber die Verkäuferin hat euch nicht beachtet. Oder ihr hattet ein besonders schwieriges Problem und wolltet mit eurem Freund darüber sprechen. Er ist aber dauernd vom Thema abgekommen und hat sich nicht konzentriert. Denkt eine Minute darüber nach und erzählt dann von einer solchen Erfahrung. Das Thema lautet: ‚Als mir einmal jemand nicht zugehört hat'."

Schlussreflexion:

1. Empfinden wir ähnlich oder verschieden, wenn uns jemand nicht zuhört? Welche Ähnlichkeiten und Unterschiede sind euch aufgefallen?
2. Wie könnt ihr mit Situationen umgehen, in denen man euch nicht zuhört?
3. Was habt ihr in diesem Gespräch über das Zuhören gelernt?

Wie mache ich Menschen auf mich aufmerksam?

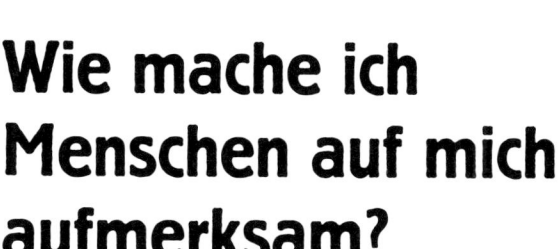

Ziele:

Die Kinder

✘ erkunden, wie man die Aufmerksamkeit anderer gewinnt;

✘ beschreiben Gefühle, die durch Aufmerksamkeit oder fehlende Aufmerksamkeit entstehen.

Stellen Sie das Thema vor:

„Unser heutiges Thema heißt: ‚Wie mache ich Menschen auf mich aufmerksam?'. Wenn ihr oder ich mit jemandem kommunizieren wollen, müssen wir zuerst seine Aufmerksamkeit gewinnen. Es gibt viele Möglichkeiten dies zu erreichen. Wenn ihr zum Beispiel etwas Lustiges, Zerstörerisches oder Seltsames tut, schauen die Menschen automatisch hin. Wenn ihr aber nicht möchtet, dass jeder Anwesende in einem Raum sich nach euch umdreht, müsst ihr etwas Unauffälligeres unternehmen. Was tut ihr in so einem Fall?

Wie gewinnt ihr die Aufmerksamkeit eines Familienmitglieds, das von einer Fernsehsendung gebannt ist? Wie erreicht ihr die Aufmerksamkeit eines Freundes, der sich weiter weg in einer großen Menschenmenge befindet? Wie könnt ihr eine Person auf euch aufmerksam machen, die zwei Tische weiter in einem stillen Klassenraum oder in einer Bibliothek sitzt? Wenn euch ein besonderes Ereignis einfällt, bei dem ihr eine bestimmte Methode angewandt habt, könnt ihr uns davon erzählen. Das Thema lautet: ‚Wie mache ich Menschen auf mich aufmerksam?'."

Schlussreflexion:

1. Wann müssen wir die Aufmerksamkeit anderer gewinnen?
2. Welcher Zusammenhang besteht zwischen der Art und Weise, in der wir Aufmerksamkeit erlangen und der Art und Dauer der Aufmerksamkeit?
3. Wie fühlen wir uns, wenn uns jemand seine Aufmerksamkeit verweigert, egal, was wir tun?
4. Warum brauchen wir die Aufmerksamkeit anderer?

Kommunikation

Weitere Themenvorschläge für Gesprächskreise

- *Was ich mir unter guter Kommunikation vorstelle*
- *Wenn etwas anderes gemeint als gesagt wird*
- *Hätte ich zugehört, wären mir Schwierigkeiten erspart geblieben*
- *Ich habe jemandem erzählt, wie ich mich fühle*
- *Als ich einmal jemandem gut zugehört habe*
- *Das sehe ich anders als meine Eltern*
- *So wende ich, was ich im Gesprächskreis gelernt habe, auch außerhalb des Gesprächskreises an*
- *Als ich einmal etwas anderes gesagt als gemeint habe*
- *Als ich einmal ein gutes Gespräch geführt habe*
- *Das tue ich, um mich verständlich zu machen*
- *Als schlechte Kommunikation einmal zu Missverständnissen geführt hat*
- *Was ich mir unter schlechter Kommunikation vorstelle*

Gruppendynamik

Lernziele der Aktivitäten und Übungen:

Die Schüler

✘ lernen die Vorteile kooperativer Zusammenarbeit kennen;

✘ treffen eine Gruppenentscheidung, schätzen ihr Verhalten in der Gruppe ein und finden erfolgreiche Lösungsstrategien bei Uneinigkeit;

✘ lernen, ihre Stärken und Schwächen als Mitglieder eines Teams einzuschätzen.

In den Gesprächskreisen

✘ nennen die Kinder die Vorzüge einer Gruppe, zu der sie gern gehören;

✘ beschreiben sie einen Erfolg oder ein Arbeitsergebnis, das sie gemeinsam mit anderen Gruppenmitgliedern erreicht und geteilt haben.

©Verlag an der Ruhr
Postfach 10 22 51
45422 Mülheim an der Ruhr
www.verlagruhr.de

Soziales *Lernen*
in der
Grundschule

Zusammenarbeit

Ziele: | **Die Kinder**
✗ definieren das Wort „kooperieren";
✗ beschreiben die Vorteile der gemeinsamen Arbeit an einem Ziel.

Material: | Für jedes Kind eine Kopie des Arbeitsblattes „Zusammen geht es besser"; Tafel und Kreide

So geht es: | Schreiben Sie das Wort „kooperieren" an die Tafel. Fragen Sie die Schüler, was es bedeutet, mit anderen zu kooperieren. Akzeptieren Sie alle Beiträge und schreiben Sie Schlüsselwörter und -sätze an die Tafel. Versuchen Sie, Einigkeit über eine einfache Wortdefinition zu erzielen.

Erinnern Sie die Kinder an Gelegenheiten, bei denen Sie sie schon einmal gebeten haben, in Gruppen von zwei oder mehr Schülern, gemeinsam an einer Aufgabe zu arbeiten. Bitten Sie sie, gründlich über das nachzudenken, was sie dabei erreicht haben und wie sie die Aufgabe angepackt haben. Fragen Sie dann: „Was habt ihr durch die Zusammenarbeit gewonnen?"

Akzeptieren Sie wieder alle Beiträge. Helfen Sie den Schülern durch Fragen und Diskussion die folgenden möglichen Vorteile der Kooperation herauszufinden:
✗ Wenn Menschen zusammenarbeiten, sparen sie Zeit.
✗ Wenn Menschen zusammenarbeiten, denken sie sich mehr Lösungen zu einem Problem aus.
✗ Wenn Menschen zusammenarbeiten, sind ihre Lösungen kreativer.
✗ Wenn Menschen zusammenarbeiten, haben sie Spaß.
✗ Wenn Menschen zusammenarbeiten, machen sie ihre Arbeit besser.

Verteilen Sie die Arbeitsblätter. Geben Sie den Kindern einige Minuten Zeit, das Arbeitsblatt auszufüllen, nachdem sie gemeinsam die Anweisungen besprochen haben. Wenn die Zeit es erlaubt, können die Schüler in Kleingruppen austauschen, was sie geschrieben haben. Ermöglichen Sie eine abschließende Diskussion mit der ganzen Gruppe.

Schlussreflexion: | 1. Nennt ein paar Möglichkeiten, zu Hause mit anderen zusammenzuarbeiten.
2. Warum ist es wichtig, zu kooperieren, wenn ihr mit anderen zusammenarbeitet?
3. Was passiert, wenn ein Gruppenmitglied sich nicht kooperativ verhält?
4. Was könntet ihr tun, wenn sich in eurer Gruppe eine Person nicht kooperativ verhält?

©Verlag an der Ruhr
Postfach 10 22 51
45422 Mülheim an der Ruhr
www.verlagruhr.de

Soziales *Lernen*
in der
Grundschule

Arbeitsblatt

Zusammen geht es besser

1. Beschreibe in zwei oder drei Sätzen, was Kooperieren für dich bedeutet. Nutze dazu die leeren Zeilen auf dem Arbeitsblatt. Wenn du möchtest, kannst du die angegebenen Wörter benutzen. Arbeite aber auch mit anderen Wörtern.

Kooperieren bedeutet...

Kompromiss

genießen

lachen

Team

zuhören

_____

_____

_____

_____

_____

helfen

teilen   unterstützen   sprechen   Arbeit

denken

fertigstellen   zusammen   gewinnen

2. Benutze nun die Rückseite dieses Blattes, um zu beschreiben, wann du einmal nicht allein gearbeitet, sondern mit jemandem kooperiert hast, um ein Ziel zu erreichen.

Eine großzügige Spende

Ziele:

Die Kinder
- ✗ machen die Erfahrung eines Gruppenkonflikts, der durch gegensätzliche Meinungen und Überzeugungen ausgelöst wird;
- ✗ setzen Kommunikations- und Verhandlungsgeschick ein, um zu einer Gruppenentscheidung zu kommen.

Material: Für jede Kleingruppe eine Kopie der Auswahlliste (s.u.); Tafel und Kreide

So geht es: Lassen Sie die Schüler Kleingruppen von vier bis sechs Kindern bilden. Kündigen Sie an, dass die Gruppenmitglieder zusammenarbeiten werden, um eine Entscheidung zu treffen. Führen Sie in Ihren Worten aus: „Nehmt einmal an, ihr dürftet eure Schule beraten. Zur Zeit gibt es viel Aufregung, weil ihr eine wichtige Entscheidung treffen müsst. Ihr habt von einem Spender 20 000 DM bekommen und müsst jetzt entscheiden, wofür ihr das Geld ausgebt. Der Spender hat die Wahlmöglichkeiten jedoch begrenzt. Ihr müsst zwischen sechs verschiedenen Möglichkeiten wählen."

Geben Sie jeder Gruppe eine Kopie der folgenden Auswahlliste, die Sie zusammen mit den Kindern lesen:

1. Fahrt mit dem Schülerrat (mit eurer Gruppe) ins Disneyland.
2. Kauft von dem Geld neue Spielgeräte für den Schulhof.
3. Veranstaltet eine große Party mit der ganzen Schule.
4. Spendet das Geld einem Obdachlosenasyl.
5. Unterstützt dringend benötigte Renovierungsarbeiten eines benachbarten Altenheims. Als Dank wird dort ein Schild mit dem Namen aller Schüler angebracht.
6. Gebt jedem Lehrer eurer Schule einen Gutschein.

Erklären Sie den Kindern, dass sie für die Entscheidung 20 Minuten Zeit haben. Schreiben Sie folgende Verhaltensregeln für die Diskussion an die Tafel, und sprechen Sie eventuell darüber:
- ✗ Es spricht immer nur einer, ohne unterbrochen zu werden.
- ✗ Hört zu, und denkt über die Ideen und Meinungen aller Gruppenmitglieder nach.
- ✗ Bedenkt die Vor- und Nachteile jeder Wahlmöglichkeit.
- ✗ Einigt euch auf eine Wahl, die alle in der Gruppe akzeptieren können.

©Verlag an der Ruhr
Postfach 10 22 51
45422 Mülheim an der Ruhr
www.verlagruhr.de

Soziales _Lernen_
in der
Grundschule

Schlussreflexion:

1. Welche Art von Kommunikation hat in eurer Gruppe stattgefunden?
2. Was waren die größten Uneinigkeiten oder Konflikte in eurer Gruppe?
3. Welche Methoden zum Umgang mit Konflikten habt ihr angewandt, um Uneinigkeiten auszuräumen?
4. Hat jemand in der Gruppe die Rolle des Vermittlers übernommen?
5. Was habt ihr bei dieser Aktivität über Gruppenentscheidungen gelernt?

©Verlag an der Ruhr
Postfach 10 22 51
45422 Mülheim an der Ruhr
www.verlagruhr.de

Soziales Lernen
in der
Grundschule

Mit anderen kooperieren

Ziele:

Die Kinder

✗ schätzen ihre Einstellung und ihr Verhalten in Gruppensituationen ein;

✗ beschreiben die Eigenschaften und Fähigkeiten, die sie in die Gruppe mitbringen;

✗ zählen die wichtigsten Eigenschaften auf, die ein Gruppenmitglied besitzen sollte.

Material:

Für jedes Kind eine Kopie des Testbogens zur Selbsteinschätzung „Die Gruppe und ich"; Schreibmaterial; verschiedene Muster von Stellenanzeigen (bei Bedarf)

So geht es:

Verteilen Sie die Testbögen. Erklären Sie den Kindern, dass sie sich ein paar Minuten Zeit nehmen sollen, um ihr Verhalten in Gruppen einzuschätzen. Beantworten Sie alle Fragen zum Vorgehen, und geben Sie dann den Kindern 5 bis 10 Minuten Zeit, den Testbogen auszufüllen. Wenn die Schüler damit fertig sind, versichern Sie ihnen, dass der Inhalt der Selbsteinschätzung privat bleibt. Bitten Sie sie, noch einmal nachzusehen, was sie geschrieben haben und die Blätter dann zusammenzufalten oder beiseitezulegen.

Die Kinder bilden jetzt Gruppen von vier bis sechs Mitgliedern. Bitten Sie sie, über etwas nachzudenken, das ihnen beim Ausfüllen des Testbogens aufgefallen ist, und das sie auch bereit wären, der Gruppe mitzuteilen. Geben Sie ihnen 15 Minuten Zeit für den Austausch.

Nachdem die Kinder sich ausgetauscht haben, bitten Sie die Gruppen, zusammen eine Stellenanzeige für ein geeignetes Gruppenmitglied zu entwerfen (Falls Sie Muster haben, verteilen Sie sie an alle Gruppen). Sagen Sie den Kindern, dass sie in die Annonce alle wichtigen Eigenschaften schreiben sollen, die ein Gruppenmitglied besitzen sollte. Erklären Sie auch, dass die Qualitäten und Fähigkeiten, die sie aufzählen, von Vorteil für fast alle Arten von Gruppen sein sollten. (Wenn Sie mit jüngeren Kindern arbeiten, können Sie diesen Teil der Aktivität gemeinsam mit der ganzen Klasse durchführen.)

Bitten Sie die Gruppen, ihre Anzeigen mit der übrigen Klasse auszutauschen, wenn sie fertig sind. Führen Sie ein Abschlussgespräch durch.

Schlussreflexion:

1. Was sind die wichtigsten Eigenschaften / Fähigkeiten, die jemand mit in eine Gruppe bringen kann?
2. Wie kann eine Gruppe das Beste aus den Mitgliedern herausholen?
3. Müssen Gruppenmitglieder sich immer einigen? Warum oder warum nicht?
4. Was könnt ihr dagegen tun, wenn Uneinigkeit und Konflikte in der Gruppe auftreten?

©Verlag an der Ruhr
Postfach 10 22 51
45422 Mülheim an der Ruhr
www.verlagruhr.de

Soziales *Lernen*
in der
Grundschule

Arbeitsblatt

„Die Gruppe und ich"

1. Was hältst du von Kooperation mit anderen?
An welchen Aktivitäten beteiligst du dich?
Lies jedes Aussagen-Paar. Setze ein Kreuz an die
Stelle der Linie, an der du dich selbst einordnen
würdest.

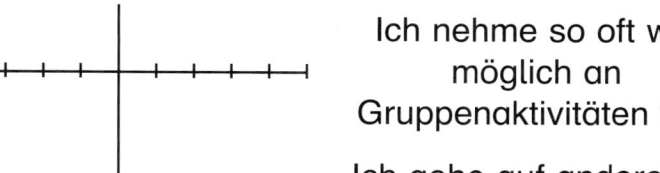

| − | 0 | + |

Normalerweise vermeide ich Gruppenaktivitäten.　　　Ich nehme so oft wie möglich an Gruppenaktivitäten teil.

Ich fange nie ein Gespräch an.　　　Ich gehe auf andere zu, um ein Gespräch mit ihnen anzufangen.

Ich bin lieber alleine.　　　Ich versuche, mit anderen zusammen zu sein.

In der Gruppe sage ich nicht viel.　　　In der Gruppe liefere ich viele Beiträge.

Ich bin kein wichtiges Gruppenmitglied.　　　Meine Teilnahme an einer Gruppe ist immer wichtig.

2. Denke über eine Gelegenheit nach, als du einmal
einer Gruppe geholfen hast, ihr Ziel zu erreichen.
Nenne die drei wichtigsten Eigenschaften oder
Fähigkeiten, die du in die Gruppe
eingebracht hast.

1. _____

2. _____

3. _____

©Verlag an der Ruhr
Postfach 10 22 51
45422 Mülheim an der Ruhr
www.verlagruhr.de

Soziales *Lernen*
in der
Grundschule

Eine Gruppe, zu der ich gerne gehöre

Ziele:

Die Kinder

✗ beschreiben, welche Vorteile es hat, zu einer Gruppe zu gehören;

✗ benennen Eigenschaften erfolgreicher Gruppen.

Stellen Sie das Thema vor:

„Unser Thema heißt heute: ‚Eine Gruppe, zu der ich gerne gehöre'. Zu den wichtigsten Dingen im Leben gehört für die meisten von uns die Zugehörigkeit zu einer Gruppe von Menschen, mit denen wir gerne zusammen sind und mit denen wir unsere Interessen und Ziele teilen. Deshalb sprechen wir heute über Gruppen, zu denen wir gehören und darüber, wie es ist dazuzugehören.

Wer möchte, kann etwas über eine Gruppe erzählen, deren Mitglied er ist. Das kann ein Verein oder eine Gruppe in der Schule, in der Kirche oder irgendwo anders sein. Es kann auch eine Gruppe von Freunden sein, die sich häufig trifft. Erzählt von einer Sache, die die Gruppe tut und die ihr mögt, darüber, was ihr in die Gruppe einbringt, was die Gruppe euch bringt und wie ihr es findet, dazuzugehören. Unser Thema heißt ‚Eine Gruppe, zu der ich gern gehöre'."

Schlussreflexion:

1. Warum schließen Menschen sich Gruppen, Vereinen oder Organisationen an?
2. Welche Dinge mögen wir an den Gruppen, die wir beschrieben haben, am meisten?
3. Nennt einige der Probleme, die Gruppen oft haben.

©Verlag an der Ruhr
Postfach 10 22 51
45422 Mülheim an der Ruhr
www.verlagruhr.de

Soziales *Lernen*
in der
Grundschule

Wir haben gemeinsam an einer Sache gearbeitet

Ziele:

Die Kinder

✘ beschreiben, wie wichtig Kooperation für die Erfüllung einer Aufgabe ist;

✘ nennen einige der Vorteile der Zusammenarbeit mit anderen.

Stellen Sie das Thema vor:

„Unser Thema heißt heute: ‚Wir haben gemeinsam an einer Sache gearbeitet'. Oft machen wir Dinge ganz alleine, aber manchmal ist es notwendig oder macht einfach mehr Spaß, etwas mit anderen zusammen zu machen. Denkt an eine Situation, in der ihr etwas mit anderen zusammen gemacht habt. Vielleicht habt ihr zusammen mit einem Freund oder der Familie gearbeitet, um etwas fertig zu bekommen – z.B. ein Karnevalskostüm oder ein Festessen. Vielleicht habt ihr mit eurer Mutter zusammen den Abwasch gemacht oder mit einem Freund gepuzzelt. Habt ihr schon einmal mit dem Bruder oder der Schwester zusammen Plätzchen gebacken oder eine Sandburg gebaut? Denkt ein oder zwei Minuten darüber nach. Wer fertig ist, hebt die Hand. Das Thema heißt ‚Wir haben gemeinsam an einer Sache gearbeitet'.“

Schlussreflexion:

1. Glaubt ihr, es ist einfacher, etwas zu erledigen, wenn andere dabei helfen?
2. Wie habt ihr entschieden, wer was tun soll?
3. Wenn ihr die gleiche Arbeit noch einmal tun müsstet, würdet ihr auch diesmal die gleiche Aufgabe innerhalb der Gruppe übernehmen oder lieber eine andere? Welche?

©Verlag an der Ruhr
Postfach 10 22 51
45422 Mülheim an der Ruhr
www.verlagruhr.de

Soziales Lernen
in der
Grundschule

Gruppendynamik

Weitere Themenvorschläge für Gesprächskreise

- *Als ich mich einmal übergangen fühlte*
- *Als ich einmal in einer erfolgreichen Gruppe mitgearbeitet habe*
- *Eine Fähigkeit oder ein Talent, das ich in die Gruppe eingebracht habe*
- *Als ich eine Gruppe fallen ließ*
- *Eine Rolle, die ich in der Gruppe spiele*
- *Meine Lieblingsgruppe*
- *Ich habe etwas getan, das der Gruppe zum Erfolg verholfen hat*
- *Auf diese Weise zeige ich Respekt anderen gegenüber*
- *Wir haben einen Kompromiss geschlossen, um etwas zu schaffen*
- *Die einfachste Lösung hat uns nicht zum Ziel geführt*
- *Als ich einmal nicht zu einer Gruppe gehören wollte*
- *Als ich mich beteiligt fühlte*
- *Ich bin auf jemanden zugegangen, um ihn mit einzubeziehen*
- *Was meiner Meinung nach ein siegreiches Team ausmacht*
- *Ich habe etwas Wichtiges zur Gruppe beigetragen*

©Verlag an der Ruhr
Postfach 10 22 51
45422 Mülheim an der Ruhr
www.verlagruhr.de

Soziales *Lernen*
in der
Grundschule

Umgang mit Konflikten

Lernziele der Aktivitäten und Übungen:

Die Schüler

✗ definieren vier verschiedene Konflikttypen und suchen zu jedem ein Beispiel aus der Realität;

✗ entwickeln eine Liste von Begriffen, die sich auf Konflikte beziehen;

✗ unterscheiden drei verschiedene Reaktionen auf typische Konfliktsituationen – Ausweichen, negative Konfrontation und Problemlösung – und diskutieren darüber, welche Konsequenzen die einzelnen Reaktionen haben können;

✗ lernen acht verschiedene Strategien zur Konfliktlösung kennen und üben sie.

In den Gesprächskreisen

✗ erkennen die Kinder, wie Gefühle und Launen, die durch ein Ereignis hervorgerufen werden, sich auf nachfolgende Situationen übertragen und sie beeinflussen;

✗ überprüfen sie ausweichendes Verhalten, das aus Angst vor Konflikten entsteht und diskutieren die Konsequenzen von Konfliktvermeidung in bestimmten Situationen.

Konflikt-Bilder

Ziele: | **Die Kinder**

✘ lernen einen Wortschatz kennen, der mit Konflikten verbunden ist und üben ihn;

✘ entdecken die vier wichtigsten Gruppen von Konflikten und diskutieren darüber;

✘ erklären, dass Menschen Konflikte verschieden wahrnehmen;

✘ beschreiben die Wirkungen von konfliktbezogenem gegenüber friedlichem Vokabular;

✘ wenden die Kenntnis der vier Konfliktarten auf reale Beispiele an.

Material: Leuchtstifte, weißes Papier, Tesafilm und für jedes Kind eine Kopie des Arbeitsblattes „Berichte über Konflikte" (S. 140)

So geht es: Lassen Sie zunächst die Kinder Bilder von Situationen anfertigen, die für sie einen Konflikt darstellen. Sagen Sie, dass sie alles zeichnen dürfen, was ihnen zum Thema Konflikt einfällt. Nachdem die Zeichnungen fertig sind, werden sie im Raum ausgestellt.

Bitten Sie die Schüler, sich die Bilder genau anzuschauen. Wenn sie dazu aufstehen müssen, dürfen sie ein paar Minuten lang herumgehen. Bitten Sie dann die Kinder, in ihren eigenen Worten zu beschreiben, welche verschiedenen Arten von Konflikten dargestellt wurden. Fragen Sie: „Gibt es auf den Zeichnungen Konflikte, die zusammenzupassen scheinen?"

Ermöglichen Sie den Austausch von Einsichten und Beobachtungen. Bitten Sie die Kinder dann, ihre Zeichnungen zu folgenden vier Hauptkonfliktgruppen zusammenzulegen:

✘ **intrapersonal:** Konflikte, die in einer Person liegen.

✘ **interpersonal:** Konflikte zwischen zwei oder mehr Personen.

✘ **intergruppal:** Konflikte zwischen Organisationen oder Gruppen von Menschen.

✘ **international:** Konflikte zwischen Staaten oder Ländern.

Definieren und diskutieren Sie die verschiedenen Typen von Konflikten. Bitten Sie die Schüler, weitere Beispiele für die einzelnen Kategorien zu suchen.

Verteilen Sie das Arbeitsblatt „Berichte über Konflikte", und erklären Sie die damit verbundene Hausaufgabe. Sagen Sie in Ihren Worten:

„Eure Aufgabe besteht darin, einen Zeitungsartikel, einen Cartoon oder eine Fotografie über einen Konflikt zu suchen. Lest diesen Artikel, und beantwortet dann die Fragen auf dem Arbeitsblatt. Bringt sowohl den Artikel als auch das Arbeitsblatt zur nächsten Stunde mit. (Jüngere Kinder benötigen die Hilfe ihrer Eltern)."

©Verlag an der Ruhr
Postfach 10 22 51
45422 Mülheim an der Ruhr
www.verlagruhr.de

Soziales *Lernen*
in der
Grundschule

Bitten Sie die Schüler, in der nächsten Stunde ihre Hausarbeit vorzustellen. Jedes Kind sollte das Arbeitsblatt und einen ausgeschnittenen Artikel über aktuelle Ereignisse, eine Fotografie oder einen Cartoon über eine Konfliktsituation dabeihaben.

Lassen Sie die Kinder abwechselnd ihre Artikel zusammenfassen und die Antworten auf dem Arbeitsblatt vorlesen. Die folgenden Fragen können dabei helfen, die Diskussion zu führen:
✘ Welche Konflikttypen (von den vier wichtigsten Konflikttypen) werden in euren Ausschnitten dargestellt?
✘ Welche Art von Konflikt scheint am häufigsten vorzukommen? Was glaubt ihr, warum das so ist?
✘ Kann sich jemand vorstellen, wie der dargestellte Konflikt gelöst werden könnte?

Bitten Sie die Kinder, im Brainstorming so viele Wörter wie möglich zu sammeln, die etwas mit Konflikten zu tun haben. Legen Sie auf Posterpapier getrennte Spalten für Verben, Nomen und Adjektive an, die sie im Raum verteilen.
Führen Sie ein Abschlussgespräch mit den Kindern durch.

Schlussreflexion:

1. In welcher Art von Konflikt steckt ihr, wenn ihr euch nicht entscheiden könnt, welches von zwei Dingen ihr kaufen sollt?
2. Wenn ein Staat Truppen aussendet, um gegen einen anderen Staat zu kämpfen, um welche Art von Konflikt handelt es sich dann?
3. Kennt ihr intergruppale Konflikte, die in unserer Stadt vorkommen? ... in unserem Land?
4. Wisst ihr von einem internationalen Konflikt, der zur Zeit ausgetragen wird oder vor Kurzem ausgetragen wurde?
5. Warum ist es wichtig, zu wissen, welche Wörter oft mit Konflikten verbunden werden?
6. Wie fühlt ihr euch, wenn jemand auf euch zukommt und euch mit Worten angreift? Jemand greift euch mit Worten an. Was könnte passieren, wenn ihr mit friedlichen Wörtern darauf reagieren würdet?
7. Wie können diese Informationen euch helfen, mit Konflikten umzugehen?

Berichte über Konflikte

Suche in einer Zeitung oder Zeitschrift einen Artikel, ein Foto oder einen Cartoon zu einem Konflikt. Bringe die Zeitungsseite mit zur Schule, und beantworte die folgenden Fragen:

1. Worum geht es bei dem Konflikt?

_____

_____

2. Um welche Art von Konflikt handelt es sich? Kreuze an:

☆ **intrapersonal** (innerer Konflikt)   ☆ **interpersonal** (zwischen Personen)

☆ **intergruppal** (zwischen Gruppen)   ☆ **international** (zwischen Staaten)

3. Wer ist an dem Konflikt beteiligt?

_____

4. Was möchten die einzelnen Personen (Gruppen oder Staaten)?

_____

_____

5. Was wird deiner Meinung nach passieren?

_____

_____

_____

_____

Wieder Krieg?

Der Kampf geht weiter

Soziales *Lernen*
in der
Grundschule

Ein Konflikt und drei Lösungen

Ziele:

Die Kinder

✗ unterscheiden zwischen Ausweichen, Konfrontation und Problemlösung als Reaktionen auf einen Konflikt;

✗ erklären, warum Problemlösung besser ist als Ausweichen und Konfrontation.

Material:

Schreibmaterial für die zweite Variante (s. nächste Seite)

So geht es:

Lesen Sie den Kindern die folgende Szene dreimal vor – zuerst mit Schluss 1, dann mit Schluss 2 und zuletzt mit Schluss 3. Stellen Sie den Dialog im Rollenspiel dar, um die Unterschiede zwischen den drei Ansätzen zu unterstreichen.

Arturo und David bauen ein Modell aus Legosteinen. Michael kommt vorbei und fragt, ob er mitmachen darf.

Schluss 1:

Arturo sagt: „Klar." David mag Michael nicht so sehr und hätte lieber, dass er nicht mitspielt. Anstatt etwas zu sagen, zuckt er nur mit den Schultern und baut weiter. Immer wenn Michael einen Vorschlag macht, sagt David: „Das ist doch doof." Und zwei- oder dreimal nimmt er Michael Steine weg, ohne zu fragen. Nachdem das eine Weile so geht, fragt Michael, was ihn ärgert. Er seufzt und sagt: „Nichts."

Schluss 2:

Arturo sagt: „Klar." Aber David sagt: „Auf keinen Fall!" Michael fragt: „Warum nicht?" David antwortet: „Ich hasse es, mit dir zu spielen. Du tust immer so, als wüsstest du alles. Du hörst nicht zu und meinst, deine Ideen wären immer die besten von allen." Michael brüllt: „Du bist ein Lügner. Du bist nur neidisch, weil ich netter bin als du!" David ist jetzt böse und sagt: „Du verschwindest besser von hier, bevor ich dich rausschmeiße!" Michael zischt: „Ach ja? Versuch's doch!" David läuft um den Tisch herum zu Michael. Der rennt ans andere Ende des Zimmers.

Schluss 3:

Arturo sagt: „Klar." Aber David sagt: „Auf keinen Fall!" Arturo sagt: „Warum möchtest du nicht, dass er mit uns spielt?" David antwortet: „Weil ich es hasse, mit ihm zu spielen. Er tut immer so, als wüsste er alles. Er meint, seine Ideen seien die besten von allen." Michael redet auf Arturo ein, dass die beiden ja schon eine ganze Weile mit den Legos gespielt haben und dass sie der ganzen Klasse, nicht nur Arturo und David allein gehören. Arturo stimmt Michael zu und bietet an, Michael an seinem Teil des Modells mitbauen zu lassen. David sagt: „Ich glaube, das ist okay, wenn du versprichst, dass du auch meine Ideen anhörst." Michael antwortet: „Natürlich, ich hör dir zu. Und ich arbeite an diesem Teil mit Arturo zusammen. Darf ich trotzdem sagen, wenn ich einen Vorschlag für deinen Teil des Modells habe?" David grinst. „Klar", sagt er.

Bitten Sie die Kinder, die Unterschiede zwischen den drei Lösungen zu beschreiben. Lesen Sie, wenn nötig, die drei Schlüsse noch einmal vor, und besprechen Sie sie einzeln mit ihnen. Erklären Sie die Bedeutung unbekannter Wörter und Gedanken, und helfen Sie den Schülern, folgende Unterschiede zu erkennen:

✗ Beim ersten Schluss tut David so, als gäbe es überhaupt keinen Konflikt. Er verhält sich passiv.

✗ Beim zweiten Schluss reagiert David auf den Konflikt mit Konfrontation. Beide, sowohl er als auch Michael, sind aggressiv.

✗ Beim dritten Schluss wenden alle drei eine Problemlösung an, um den Konflikt zu lösen. Sie verhalten sich entgegenkommend.

Sprechen Sie über die Unterschiede zwischen Ausweichen (so tun, als wäre alles in Ordnung), körperlicher Konfrontation (kämpfen) und Problemlösung. Lesen Sie dann weitere Szenen vor und bitten Sie die Klasse, Ihnen dabei zu helfen, zu jeder drei Ausgangsmöglichkeiten zu suchen – eine ausweichende, eine konfrontierende und eine, die das Problem löst. Ermutigen Sie die Kinder dazu, sich vorzustellen, was die Personen in der Geschichte bei den verschiedenen Reaktionsweisen sagen und tun könnten, und lassen Sie die Szenen nachspielen.

Szenen:

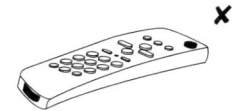

✗ Zwei Kinder sitzen zu Hause vor dem Fernsehgerät. Beide wollen unterschiedliche Programme ansehen.

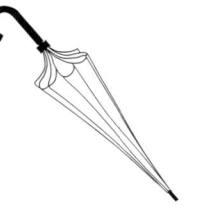

✗ Stefanie hat versprochen, Karla den Regenschirm zurückzugeben, den sie vor mehreren Wochen ausgeliehen hat. Sie vergisst aber, ihn mit in die Schule zu bringen. Karla ist wütend, weil der Regenschirm ihrer Mutter gehört, die ihn heute zurückbekommen möchte.

✗ Es ist der erste Schultag und Laura möchte neben ihrer Freundin Inga sitzen. Der Platz neben Inga ist aber schon besetzt. Sie bittet Mark, sich woandershin zu setzen. Mark gefällt es aber auf seinem Platz.

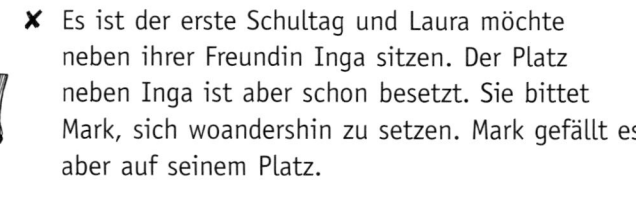

✗ Max und Paul teilen sich ein Zimmer. Paul hält seine Sachen in Ordnung, aber Max ist nachlässig. Der Vater sagt, dass sie erst fernsehen dürfen, wenn das Zimmer aufgeräumt ist. Max schlägt vor, dass Paul ihm helfen soll, seine Zimmerhälfte aufzuräumen, das findet Paul unfair.

Soziales *Lernen*
in der
Grundschule

Führen Sie ein Abschlussgespräch.

Schlussreflexion:

1. Was geht in uns vor, wenn wir unsere Gefühle verschließen – wenn wir sie verleugnen?
2. Was kann passieren, wenn wir die Kontrolle über unsere Gefühle verlieren und auf andere losgehen?
3. Welche Dinge würdet ihr sagen und tun, wenn ihr ein Problem lösen wolltet?
4. Wer „gewinnt" in einem Konflikt, wenn man sich ausweichend verhält? ... wenn es zur Konfrontation kommt? ... wenn eine Lösung des Problems versucht wird? Warum?

Variante:

Lassen Sie ältere Schüler selbst eine Szene wählen und die drei Lösungen schreiben. Erlauben Sie ihnen, zu zweit zu arbeiten.

©Verlag an der Ruhr
Postfach 10 22 51
45422 Mülheim an der Ruhr
www.verlagruhr.de

Soziales *Lernen*
in der
Grundschule

Strategien zur Konfliktlösung

Ziele:

Die Kinder

✗ erklären Strategien zum Umgang mit Konflikten in ihren eigenen Worten;

✗ erkennen Strategien zur Konfliktlösung wieder, die in den Geschichten angewandt werden;

✗ erfinden Geschichten, die Strategien demonstrieren.

Material:

Kopien der neun Konfliktlösungsstrategien (ein Satz für jedes Kind, s. S. 149 bis 157) oder eine Liste der Strategien, die für alle sichtbar aufgehängt wird

So geht es:

Leiten Sie die Aktion ein, indem Sie die Kinder auffordern, über Situationen nachzudenken, in denen sie an einem Konflikt beteiligt waren oder einen Konflikt beobachtet haben. Weisen Sie sie darauf hin, sich besonders an die Ereignisse zu erinnern, die zum Konflikt geführt haben, und an die Gefühle der am Konflikt beteiligten Personen.

Die Schüler wählen dann Partner und erzählen sich gegenseitig ihre Konflikt-Geschichten. Nachdem die Paare sich ausgetauscht haben, bitten Sie Freiwillige, ihre Erfahrungen der ganzen Gruppe mitzuteilen.

Erklären Sie, dass bestimmte Verhaltensweisen den Menschen helfen können, positiver mit Uneinigkeiten umzugehen und ihre Konflikte zu lösen. Solche Verhaltensweisen nennt man „Strategien".

Bitten Sie die Kinder, sich wieder mit ihren Partner zusammenzusetzen. Wenn Sie die Blätter mit den Strategien einzeln kopiert haben, können Sie jetzt die Kopien mit der ersten Strategie („Höre dem anderen genau zu") verteilen. Wenn nicht, weisen Sie die Schüler auf die Strategie-Liste, die Sie aufgehängt haben, hin. Stellen Sie die erste Konfliktlösungsstrategie vor, und erklären Sie sie. Nennen Sie ein Beispiel für eine Situation, in der diese Strategie angewandt werden könnte. Weisen Sie ein Kind aus jeder Zweiergruppe an, die Strategie noch einmal für den Partner zu wiederholen. Der Partner fasst dann die Bedeutung der Strategie zusammen. Auf die gleiche Weise werden die verbleibenden Strategien abgefragt:

✗ Erkläre deinen Standpunkt, ohne den anderen zu beschuldigen.

✗ Lasst euch Zeit, euch zu beruhigen.

✗ Findet eine gemeinsame Lösung des Problems, sodass alle gewinnen.

✗ Sei kompromissbereit.

✗ Sag', dass es dir leidtut.

✗ Zeige Humor.

✗ Bitte um Hilfe, wenn es nötig ist.

✗ Erkenne, wann es besser ist, aus dem Feld zu gehen.

Nachdem alle Strategien vorgestellt und erklärt worden sind, überprüfen Sie, ob alles verstanden worden ist. Lesen Sie die folgenden neun Szenen und fragen Sie die Schüler nach jeder einzelnen von ihnen, welche Strategie im Beispiel verwendet wurde. Bitten Sie die Kinder, wenn sie die Kopien der Strategie-Blätter haben, diejenige Seite hochzuhalten, die die Strategie beschreibt, die in der Szene angewandt wurde. Arbeiten Sie mit der Liste, so bitten Sie einen Freiwilligen auf die entsprechende Strategie zu zeigen. Die übrigen Kinder können durch das Handzeichen „Daumen nach oben" oder „Daumen nach unten" anzeigen, ob sie einverstanden sind oder nicht.

Fallbeispiele für die Anwendung von Konfliktlösungsstrategien

Christina wartete nach der Schule auf ihre Freundin Nadine, die versprochen hatte, mit ihr zusammen nach Hause zu gehen. Diese Verabredung hatten die beiden in der großen Pause getroffen. Nachdem Christina eine halbe Stunde lang gewartet hatte, ging sie in Nadines Klassenzimmer und fragte den Lehrer, ob Nadine schon nach Hause gegangen sei. Der Lehrer sagte, dass Nadine sofort nach dem Klingeln aus der Klasse gerannt sei. Als Christina am nächsten Morgen Nadine auf sich zukommen sah, war sie noch so wütend und verletzt, dass sie sie gar nicht beachtete. Nadine lief hinter ihr her und rief: „Lass mich doch die Sache bitte erklären!" Schließlich dachte Christina, dass sie sich vielleicht anhören sollte, was Nadine ihr zu sagen hatte. Vielleicht hatte sie ja einen guten Grund, so plötzlich nach Hause zu gehen. Tatsächlich erklärte Nadine, dass ihr kurz vor Schulschluss eingefallen war, dass ihre Mutter sie gebeten hatte, schnell nach Hause zu kommen, weil sie noch einen Zahnarzttermin hatte. Außerdem hätte ihre Mutter mit Hausarrest gedroht, falls sie zu spät käme. Christina war froh, dass sie Nadine zugehört hatte, statt eine Freundschaft wegen verletzter Gefühle auf's Spiel zu setzen. (Strategie: „Höre dem anderen genau zu.")

Mark und seine Kusine Lydia wohnten benachbart und teilten sich ein Fahrrad. Sie einigten sich, das Fahrrad abwechselnd zu benutzen, eine Woche Mark, eine Woche Lydia. Am Ende der Woche vergaß Lydia, Mark das Fahrrad zurückzugeben und radelte zu einer Freundin nach Hause. Mark hatte aber mit dem Fahrrad gerechnet, um damit zum Fußballtraining zu fahren. Er fand aber weder Lydia noch das Rad. Er wurde sehr wütend. Als Lydia nach Hause kam, brüllte er sie an und riss ihr das Fahrrad weg. Lydia erinnerte sich aber, dass Mark auch schon zweimal vergessen hatte, ihr das Rad zurückzugeben, und schrie zurück. Sie hatten sich beide nicht mehr unter Kontrolle. Schließlich sagte Lydia: „Nimm das Rad. Wir können darüber sprechen, wenn wir uns beide etwas beruhigt haben. Wie wär's mit morgen nach der Schule?" (Strategie: „Lasst euch Zeit, euch zu beruhigen")

Kevin dachte, dass Stefan schuld sei, dass die Klasse zehn Minuten länger Unterricht hatte. Stefan hatte noch mit einem anderen Schüler über die Hausaufgaben gesprochen, nachdem die Lehrerin um Ruhe gebeten hatte. Auch andere Kinder hatten noch gequatscht und gekichert, aber Kevin hatte nur Stefan gesehen. Am Ende der Stunde stampfte Kevin aus der Klasse und murrte vor sich hin. Als Stefan fragte, warum er so sauer sei, wollte Kevin ihn erst für die verlorende Freizeit verantwortlich machen. Stattdessen antwortete er: „Ich bin wirklich wütend, dass wir freie Zeit verloren haben. Ich hab' an einem Bild für die Ausstellung gearbeitet und wollte es heute fertig bekommen. Ich bin sauer, dass keiner still sein konnte, nachdem die Lehrerin uns darum gebeten hatte." (Strategie: „Erkläre deinen Standpunkt, ohne den anderen zu beschuldigen")

Als Florian den entscheidenden Elfmeter verschoss, fühlte er sich miserabel. Sein Freund und Klassenkamerad Mario machte es noch schlimmer, als er ihm die Schuld für die Niederlage des Teams gab. „Wir hätten gewinnen können", brüllte er. „Warum hast du den Ball nicht fester getreten? Mist, jetzt ist unsere Mannschaft ausgeschieden." Florian war nach Weinen zu Mute, aber er wusste, dass er nicht allein schuld war, dass seine Mannschaft verloren hatte. Er holte tief Luft und sagte: „Es tut mir wirklich leid, dass wir verloren haben, Mario. Ich fühl mich ganz mies und weiß, dass es dir genauso geht. Dieser Schuss war wirklich grauenhaft." (Strategie: „Sag', dass es dir leidtut")

Lisa trat Susanne aus Versehen auf den Fuß, als sie zur Schulversammlung gingen. Sie hatte aber keine Zeit, sich bei ihr zu entschuldigen, weil der Lehrer die Kinder auf ihre Plätze scheuchte. Lisa war nervös, weil sie wusste, dass Susanne unbeherrscht war. Auf dem Weg zurück in die Klasse schubste Susanne Lisa und beschuldigte sie, ihr absichtlich auf den Fuß getreten zu haben. Als Lisa versuchte, die Sache zu erklären, schubste Susanne sie wieder. Lisa sagte fest: „He, ich bin nicht an einem Kampf interessiert", und ging schnell zum Klassenzimmer, bevor Susanne sie weiter attackieren konnte. (Strategie: „Erkenne, wann es besser ist, aus dem Feld zu gehen")

Herr Schulz gab die Hausaufgaben und Tests zurück. Mandy blinzelte auf das Blatt, das sie zurückbekommen hatte. Sie dachte, dass es ihres sei und fing an, es zu zerreißen. Da sah Ahmed ihr über die Schulter und schrie: „He, was machst du mit meinem Test? Mein Vater will alle Tests sehen, die ich geschrieben habe!" Überrascht und verdattert starrte Mandy auf die Papierschnipsel und hielt sich die Hände vor das Gesicht, weil sie rot wurde. „Ach", kicherte sie, „das wusste ich. Ich dachte, dein Vater puzzelt gern." (Strategie: „Zeige Humor, wenn die Situation es verlangt")

Zwei Gruppen von Jungen standen sich auf dem Basketballfeld gegenüber. Es war große Pause, und beide Gruppen wollten das Feld für sich allein zum Spielen haben. „Wir haben hier ein Problem", sagte Danny, „können wir nicht eine Lösung finden?" „Okay, ihr spielt auf einer Hälfte und wir auf der anderen", antwortete Thomas. Leon mischte sich ein: „Das macht nicht so viel Spaß wie auf dem ganzen Feld. Warum spielt ihr nicht die ersten zehn Minuten und wir dann die restlichen zehn?" „Ich hab' eine andere Idee", sagte David, „wir können alle das ganze Feld benutzen, wenn wir nach jedem Korbball Spieler auswechseln." „Hört sich gut an", antwortete Leon. „Was haltet ihr davon, Jungs?" (Strategie: „Findet eine gemeinsame Lösung des Problems, sodass alle gewinnen")

Bert und seine Schwester Sara spielten am Samstagnachmittag im Jugendheim Tischtennis. Sie benutzten Schläger, die sie aus dem Geräteraum geholt hatten. Da kamen zwei Mädchen herein und schauten sich suchend um. „Warte mal, da sind sie", rief eines der Mädchen aus. „Die beiden spielen damit." „He, gebt uns die Tischtennisschläger zurück", sagte die andere zu Bert und seiner Schwester. „Ich hab' sie vorgestern auf dieser Platte liegen lassen." Bert verteidigte sich: „Das können gar nicht deine sein. Wir haben sie vor ein paar Minuten aus dem Geräteraum geholt." „Es ist mir egal, wo du sie herhast", antwortete das Mädchen. „Sie gehören mir, und ich will sie zurückhaben." „Warte mal", sagte Sara, „wir gehen besser zum Gruppenleiter und bitten ihn, uns bei dem Problem zu helfen." „Von mir aus gern", antwortete das Mädchen. (Strategie: „Bitte um Hilfe, wenn du sie brauchst")

Benni und sein Bruder Tim versprachen, dass sie sich nicht streiten und nicht kämpfen würden, wenn ihre Mutter mit ihnen eine Wanderung in die Berge machen würde. Beide waren gespannt auf die Vögel und wollten ihre Stimmen für das Natur-Abzeichen der Pfadfinder aufnehmen. Die Mutter besaß nur ein Fernglas und sagte den Jungen, dass sie es auf der Wanderung teilen müssten. Tim sagte vor der Wanderung zu Benni: „Hör zu, Kleiner. Ich muss wirklich mehr Vogelstimmen aufnehmen als du. Lass mich das Fernglas halten. Wenn ich dann einen Vogel sehe, der auf meiner Liste steht, gebe ich das Fernglas an dich weiter." „Warte eine Minute", antwortete Benni ruhig. „Ich kann nichts dafür, dass du deine letzte Liste verloren hast. Ich finde, wir sollten einen Kompromiss schließen. Wir tragen das Fernglas abwechselnd eine halbe Stunde lang. Derjenige, der es trägt, darf einen Vogel zuerst anschauen, bevor er es an den anderen weitergibt. So entgeht uns kein Vogel." „In Ordnung", Tim zuckte mit den Schultern, „ich glaube, das ist nur fair. Dann brauchen wir uns nicht zu streiten und Mama wütend zu machen." (Strategie: „Sei kompromissbereit")

©Verlag an der Ruhr
Postfach 10 22 51
45422 Mülheim an der Ruhr
www.verlagruhr.de

Soziales *Lernen*
in der
Grundschule

Nachdem die Schüler gezeigt haben, dass sie alles verstanden haben und alle neun Strategien wiedererkennen können, sollen sie neue Szenen zu jeder Strategie erfinden. Teilen Sie jeder Zweiergruppe eine Strategie zu, oder lassen Sie die Kinder Kleingruppen bilden und Geschichten zu zwei oder mehr Strategien ausdenken. Bitten Sie die Kinder, ihre Szene(n) vorzulesen oder vorzuspielen. Die anderen sollen herausfinden, welche Strategie angewandt wurde. Schließen Sie die Übung, indem sie zur weiteren Diskussion über die Strategien anregen.

Schlussreflexion:

1. Welche Strategie ist eurer Meinung nach am leichtesten anzuwenden? Welche am schwersten?
2. Warum ist es besser, einen Konflikt mit Hilfe einer Strategie zu bewältigen, statt einfach spontan darauf zu reagieren?
3. Was kann euch helfen, euch an diese Strategien zu erinnern, wenn ihr mitten in einem Konflikt steckt?

⊗ Strategie 1: ⊗

Höre dem anderen genau zu

Lasse den anderen seine Sicht der Dinge erklären.
Höre aufmerksam zu und versuche, die Gefühle und den
Standpunkt des anderen zu verstehen.

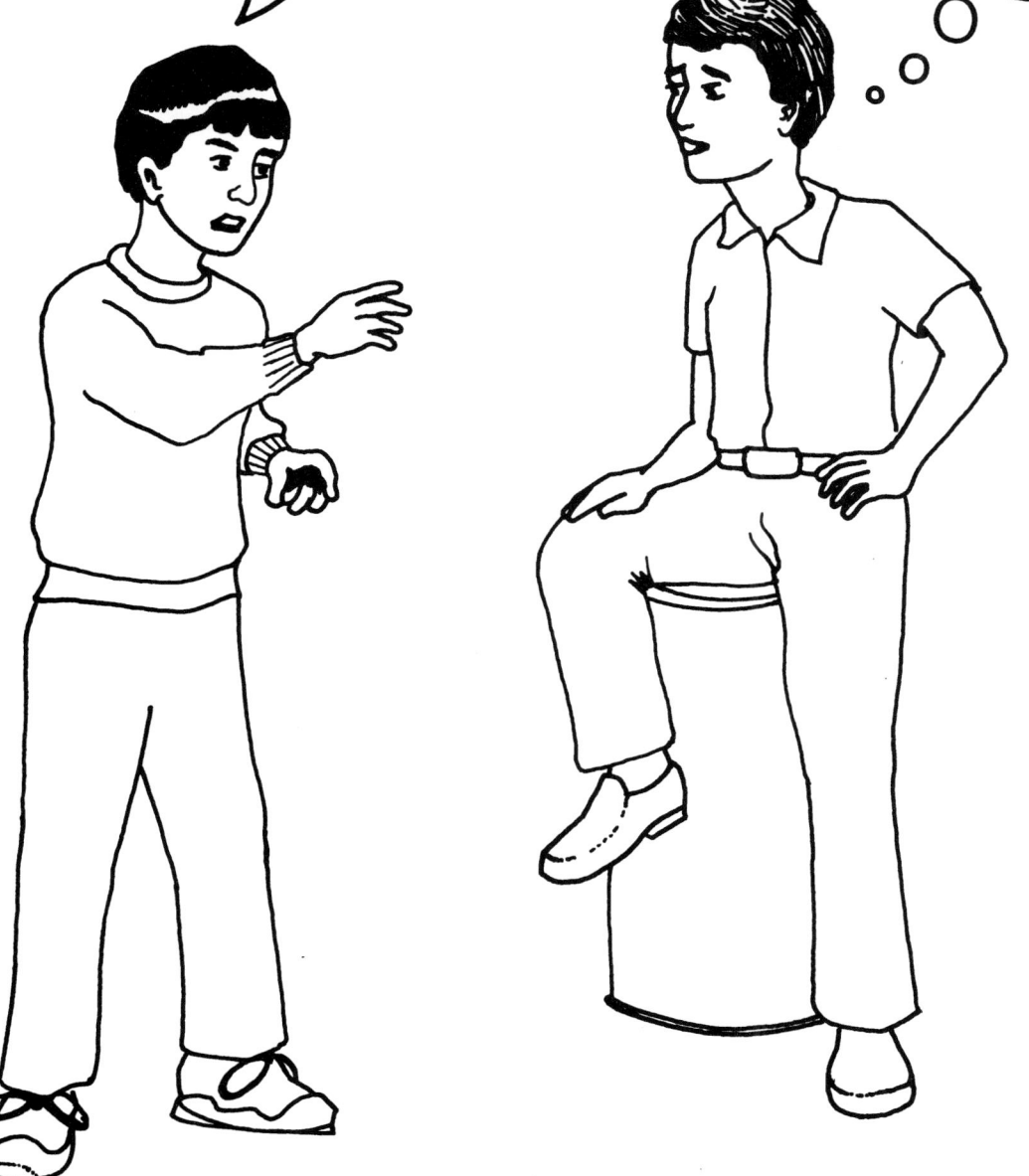

Schau mal, Rudi. Du hast
versprochen, mich in deine
Mannschaft zu wählen. Die letzten zwei
Male hab' ich dich auch gewählt, und du
hast mich einfach stehen lassen. Das
finde ich nicht lustig.

Er ist wirklich sauer.
Dabei hab' ich mir gar nichts
dabei gedacht. Aber ich höre ihm
besser zu, damit er ein bisschen
Dampf ablassen kann.

150

Strategie 2:

Erkläre deinen Standpunkt, ohne den anderen zu beschuldigen

Sage, wie du die Sache siehst, und drücke deine Gefühle so aus, dass sie den anderen nicht verletzen. Drücke dich in „Ich"- Sätzen aus, z.B. „Ich bin wütend" oder „Ich bin aufgebracht" und sage nicht „Du hast mich wütend gemacht." Indem du „Ich"- Sätze benutzt, machst du es dem anderen leichter, dir zuzuhören.

Es hat mich verletzt, dass du mit den anderen Mädchen nach Hause gegangen bist, ohne zu warten. Ich war sauer, dass ich alleine nach Hause laufen musste.

Mensch, wir haben das Schulfest für nächsten Freitag geplant. Ich hab' erst gemerkt, dass sie nicht dabei war, als wir an ihrem Haus vorbeikamen.

⊗ Strategie 3: ⊗

Lasst euch Zeit, abzukühlen

Wenn einer von euch sehr wütend, erschöpft oder „außer sich"
ist, kann es besser sein, sich auf einen späteren Zeitpunkt zu
einigen, um das Problem anzugehen. Indem ihr euch beiden
Zeit lasst, abzukühlen, kann ein größerer Konflikt vermieden
werden.

Mensch, warte! Ich glaub'
es ist besser, wir warten bis die
Schule aus ist, um darüber zu sprechen.
Es ist alles so schnell passiert, und wir
sind beide in Rage. Besser, wir nehmen
uns die Zeit, uns zu beruhigen.

152

Strategie 4:

Findet eine gemeinsame Lösung des Problems, sodass alle gewinnen

Mache dir zum Ziel eine Lösung zu finden, die beide akzeptieren können.

Das geht am besten, wenn ihr beide euch genug beruhigt habt, um über die Sichtweise des anderen nachzudenken.

Es kann sein, dass du zuerst ein oder mehrere andere Strategien anwenden musst, wie z.B. dich entschuldigen oder anhören, welchen Standpunkt der andere vertritt.

Eine Problemlösung kann auch zum Kompromiss führen.

Christian, sollen wir nicht zusammenarbeiten, statt uns gegenseitig Frust zu machen? Du hast hier ein paar gute Ideen, aber ich sehe noch ein paar Rechtschreib- und Grammatikfehler. Dabei könnte ich dir helfen. Und ich könnte einige deiner Ideen gebrauchen.

Vielleicht hast du Recht. Wir könnten uns auch gegenseitig den Text vorsprechen. Dadurch können wir eine bessere Note für den Vortrag vor der Klasse bekommen.

  **Soziales *Lernen* *in der* Grundschule**

⊗ Strategie 5: ⊗

Sei kompromissbereit

Beide Personen, die an einem Konflikt beteiligt sind, müssen zusammenarbeiten, um einen Kompromiss zu finden. Wahrscheinlich wirst du etwas aufgeben müssen, dafür wirst du aber auch etwas bekommen. Nutze die Problemlösung dazu, einen Kompromiss zu finden, mit dem beide einverstanden sind.

Strategie 6:

Sag', dass es dir leidtut

Wenn du für einen Konflikt verantwortlich bist, sage: „Es tut mir leid. Ich hab's nicht so gemeint", oder „Tut mir leid, dass wir in diesen Streit geraten sind." Es heißt nicht unbedingt, dass du zugibst, etwas falsch gemacht zu haben, wenn du sagst „es tut mir leid." Ein Problem entsteht oft dann, wenn eine Person sich schlecht fühlt und meint, dass der andere sich nicht – oder nicht genug darum kümmert. Dieses Gefühl kann durch ein einfaches „tut mir leid" leicht behoben werden.

Es tut mir leid, Peter. Ich mach' es wieder gut. Morgen gebe ich dir deine Bücher wieder zurück. Ich hab's einfach total vergessen.

Okay.

Strategie 7:

Zeige Humor, wenn die Situation es verlangt

Einen Konflikt auflockern, ohne sich dabei über die andere Person lustig zu machen, kann die Spannung, die ihr beide fühlt, erleichtern. Mit Humor funktioniert das meistens am besten, wenn du dich selbst auf natürliche, lockere Art „auf die Schippe" nimmst.

Klar, ich hab' mir die Stifte genommen, als du nicht da warst. Entschuldige, ich hatte unheimlichen Hunger!

Oh, was bist du nur für ein Clown, Bruder!

©Verlag an der Ruhr
Postfach 10 22 51
45422 Mülheim an der Ruhr
www.verlagruhr.de

Soziales *Lernen* in der Grundschule

Strategie 8:

Bitte um Hilfe, wenn du sie brauchst

Wenn niemand eine Lösung weiß, ist es am besten, jemand anderen zu bitten, einzugreifen und bei der Lösung des Konflikts zu helfen. Ein anderer kann neue Ideen und andere Perspektiven in eine Sache hineinbringen.

Entschuldigen Sie, Frau Schulz. Wir haben da ein Problem und wissen nicht, wie wir damit umgehen sollen. Können Sie uns vielleicht helfen?

Strategie 9:

Erkenne, wann es besser ist, das Feld zu verlassen

Wenn du in einer Situation steckst, in der die Gefahr besteht, dass du körperlich verletzt wirst, gehe oder laufe weg. Wenn du glaubst, dass der andere vielleicht gewalttätig wird, ist es besser zu sagen, dass es dir leid tut und schnell wegzulaufen, anstatt das Gesicht wahren oder mutig sein zu wollen.

He! Was hast du? Komm zurück und kämpfe, du Feigling!

Tut mir leid, ich hab' ein Spiel.

Soziales *Lernen* in der Grundschule

Ich geriet in eine Auseinandersetzung, weil ich mich schon vorher schlecht fühlte

Ziele:

Die Kinder

✗ erklären, wie Gefühle, die durch eine Situation hervorgerufen wurden, sich auf eine andere Situation übertragen;

✗ suchen Strategien, mit denen sich Konflikte vermeiden lassen, die durch die Übertragung negativer Gefühle entstehen.

Stellen Sie das Thema vor:

„Unser Thema heißt heute: ‚Ich geriet in eine Auseinandersetzung, weil ich mich schon vorher schlecht fühlte'. Bei diesem Thema handelt es sich um eine weit verbreitete Erfahrung. Hattet ihr schon einmal schlechte Laune – wart traurig, besorgt, wütend oder auch krank – und seid deshalb mit jemandem in einen Streit oder in eine körperliche Auseinandersetzung geraten? Vielleicht ging es euch schlecht wegen etwas, das zu Hause oder in der Schule vorgefallen ist, und ihr habt dann gegenüber einem ganz Unbeteiligten die Beherrschung verloren. Erzählt uns, warum ihr euch schlecht gefühlt habt und wie der Konflikt begann. Das Thema heißt ‚Ich geriet in eine Auseinandersetzung, weil ich mich schon vorher schlecht fühlte'."

Schlussreflexion:

1. Wie habt ihr ausgesehen und euch benommen, als es euch schlecht ging? Was glaubt ihr, wie andere euch gesehen haben?
2. Wie hat der andere reagiert, als das Problem entstand?
3. Wie können wir vermeiden, negative Gefühle von einer Situation auf die andere zu übertragen?

Als ich einmal einem Konflikt aus dem Wege gegangen bin

Ziele:

Die Kinder

✗ beschreiben Konflikte, die sie zu vermeiden versucht haben;

✗ entdecken, was sie an Konflikten fürchten.

Stellen Sie das Thema vor:

„Konflikte sind etwas Normales und passieren dauernd, aber meistens sind sie überhaupt nicht angenehm. Manchmal erschreckt uns schon der Gedanke, in einen Streit oder eine Auseinandersetzung geraten zu können. Heute sprechen wir über Situationen, in denen uns die Angst vor einem Konflikt übermannt hat. Das Thema heißt: ‚Als ich einmal einem Konflikt aus dem Wege gegangen bin‘.

Könnt ihr euch daran erinnern, dass ihr schon einmal einen Umweg gemacht habt, um einem Konflikt auszuweichen? Vielleicht habt ihr schon einmal etwas kaputt gemacht oder verloren, das jemandem aus eurer Familie gehörte, und seid dann so lange wie möglich weggeblieben, damit ihr niemandem von der Familie begegnen musstet. Oder ihr habt schon einmal eine schlechte Klassenarbeit zurückbekommen und sie absichtlich ‚verloren‘, weil ihr wusstet, dass eure Eltern böse werden und euch mit Stubenarrest drohen würden. Hat euch schon einmal jemand zum Faustkampf herausgefordert, den ihr aber aus Angst vermeiden wolltet? Habt ihr schon einmal einen Umweg von ein oder zwei Häuserblocks in Kauf genommen, um dem Tyrann aus der Nachbarschaft oder einer Bande aus dem Weg zu gehen? Erzählt uns, was passierte und was ihr von euch selbst gehalten habt, als ihr Angst hattet. Denkt ein paar Augenblicke darüber nach. Das Thema heißt: ‚Als ich einmal einem Konflikt aus dem Wege gegangen bin‘.“

Schlussreflexion:

1. Warum haben wir Angst vor Konflikten und versuchen, sie zu vermeiden?

2. Konntet ihr euren Konflikt für alle Zeiten ausräumen oder musstet ihr euch ihm schließlich doch stellen? War es so schlimm, wie ihr euch vorgestellt habt, als ihr euch dem Konflikt stellen musstet?

3. Glaubt ihr, dass man Konflikten leichter entgegensieht, wenn man geschickt mit ihnen umgehen kann? Warum oder warum nicht?

©Verlag an der Ruhr
Postfach 10 22 51
45422 Mülheim an der Ruhr
www.verlagruhr.de

Soziales *Lernen*
in der
Grundschule

Umgang mit Konflikten

Weitere Themenvorschläge für Gesprächskreise

- *Ich wurde wegen etwas beschuldigt, das ich nicht getan hatte*
- *Was ich bei Konflikten empfinde*
- *Als ich durch Teilen einen Konflikt verhindern konnte*
- *So habe ich einem Freund geholfen, einen Konflikt zu lösen*
- *Als ich in einen Konflikt geriet*
- *Etwas, das mich wirklich ärgert*
- *Ich habe einen Konflikt beobachtet*
- *Als ich in ein Missverständnis verwickelt wurde*
- *Ich habe mich über eine Person geärgert, es aber an einer anderen ausgelassen*
- *Als mich jemand „heruntergeputzt" hat, ich aber gut damit umgegangen bin*
- *Ich habe unabsichtlich jemanden wütend gemacht*
- *Ich habe einen Konflikt zwischen meinen Freunden angezettelt*
- *Als Humor den Tag gerettet hat*
- *Wir haben selbst einen Konflikt gelöst*
- *Als ich jemandem gut zugehört habe, der anderer Meinung war als ich*

©Verlag an der Ruhr
Postfach 10 22 51
45422 Mülheim an der Ruhr
www.verlagruhr.de

Soziales *Lernen* in der **Grundschule**

Literaturempfehlungen

Literatur zum Thema SOZIALES LERNEN

Blum, Eva/Blum, Hans-J.:
Der Klassenrat.
Ziele, Vorteile, Organisation.
Für alle Schulstufen.
Verlag an der Ruhr, 2006.
ISBN 978-3-8346-0060-8

Hagedorn, Ortrud:
Konfliktlotsen.
Lehrer und Schüler lernen die Vermittlung im Konflikt. Fächerverbindendes Unterrichtsmaterial. Klett, 2000.
ISBN 978-3-12-196106-1

Kindler, Wolfgang:
Man muss kein Held sein – aber...!
Verhaltenstipps für Lehrer in Konfliktsituationen und bei Mobbing.
Für alle Schulstufen.
Verlag an der Ruhr, 2006.
ISBN 978-3-8346-00064-6

McKee, David:
Wer ist denn Frau Sudek?
Ein Bilderbuch.
Klasse 1–3. Verlag an der Ruhr, 2004.
ISBN 978-3-86072-860-4

—> dazu für den Unterricht:
Pape, Carola; Schwetschenau, Silke;
Stünkel, Kim; Viefers, Verena:
Arbeitsmappe: Wer ist denn Frau Sudek?
Wer weiß was über Rücksicht, Achtung, Höflichkeit?
Klasse 1–3. Verlag an der Ruhr, 2004.
ISBN 978-3-86072-877-2

Lanig, Jonas:
So geht das! Gegen Chaos und Disziplinschwierigkeiten.
Eigenverantwortung in der Klasse fördern – 30 Tipps und Strategien.
Für alle Schulstufen.
Verlag an der Ruhr, 2004.
ISBN 978-3-86072-916-8

Walter, Gisela:
Ich und du – wir und ihr.
Spiele und Aktionen zur Förderung der Sozialkompetenz.
Herder, 2004.
ISBN 978-3-451-28259-1

Literatur zum Thema GEFÜHLE

Aliki: **Gefühle sind wie Farben.**
Ab 7 Jahre. Beltz, 1987.
ISBN 978-3-407-80346-7

Browne, Anthony: **Stimmen im Park.**
Ab 5 Jahre. Lappan, 1998.
ISBN 978-3-89082-193-1

Kreul, Holde; Geisler, Dagmar:
Ich und meine Gefühle.
Emotionale Entwicklung.
Ab 5 Jahre. Loewe, 2004.
ISBN 978-3-7855-5018-2

Löffel, Heike; Manske, Christa:
Ein Dino zeigt Gefühle.
Fühlen, Empfinden, Wahrnehmen.
Bilderbuch mit didaktischem Begleitmaterial für die pädagogische Praxis.
Ab 4 Jahre. Mebes & Noak, 2006.
ISBN 978-3-927796-42-3

Literatur zum Thema EMOTIONALE INTELLIGENZ

Goleman, Daniel:
Emotionale Intelligenz, EQ.
DTV, 1997.
ISBN 978-3-423-36020-3

Gottman, John M.:
Kinder brauchen emotionale Intelligenz.
Ein Praxisbuch für Eltern.
Heyne, 1998.
ISBN 978-3-453-14950-2

Gardner, Howard:
Abschied vom IQ.
Die Rahmen-Theorie der vielfachen Intelligenzen.
Klett-Cotta, 2001.
ISBN 978-3-608-93158-7

©Verlag an der Ruhr
Postfach 10 22 51
45422 Mülheim an der Ruhr
www.verlagruhr.de

Soziales *Lernen* *in der* **Grundschule**